孩子最爱看的安全故事

为什么倒霉的总是我

最高人民检察院 / 策划

王振友 / 著

中国检察出版社

图书在版编目（CIP）数据

为什么倒霉的总是我 / 王振友著 . — 北京：中国检察出版社，2020.12
ISBN 978-7-5102-2350-1

Ⅰ.①为… Ⅱ.①王… Ⅲ.①安全教育－小学－课外读物 Ⅳ.① G624.103

中国版本图书馆 CIP 数据核字（2019）第 241939 号

为什么倒霉的总是我
王振友 著

出版发行：	中国检察出版社
社　　址：	北京市石景山区香山南路 109 号（100144）
网　　址：	中国检察出版社（www.zgjccbs.com）
编辑电话：	（010）86423703
发行电话：	（010）86423726　86423727　86423728
	（010）86423730　86423732
经　　销：	新华书店
印　　刷：	北京联合互通彩色印刷有限公司
开　　本：	880mm×1230mm　32 开
印　　张：	7
字　　数：	87 千字
版　　次：	2020 年 12 月第一版　2023 年 5 月第二次印刷
书　　号：	ISBN 978-7-5102-2350-1
定　　价：	28.00 元

检察版图书，版权所有，侵权必究
如遇图书印装质量问题本社负责调换

前 言

未成年人朋友，你们的生活充满温暖的阳光，你们的成长伴随欢快的笑声，你们的脸庞展露天真的模样。父母关心着你们，师长关怀着你们，社会关注着你们，因为你们是我们大家的宝贝！

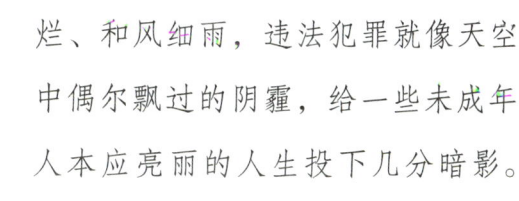

但是，生活并不总是阳光灿烂、和风细雨，违法犯罪就像天空中偶尔飘过的阴霾，给一些未成年人本应亮丽的人生投下几分暗影。有的未成年人因冲动去伤害他人，

因好奇而窃取财物，因义气而结伙打架，在懵懂间违法犯罪，受到法律的严厉制裁。有的未成年人则成为违法犯罪行为的受害者，稚嫩的身心受到深深的伤害。无论是违法犯罪还是受到不法侵害，这些未成年人都是不幸的，让人感到惋惜和心疼。

为了减少这些不幸的发生，需要大家了解一定的法律知识，树立法治意识！法律在我们每个人身边，既是规范我们行为的标准，也是保护我们权利的武器。在开始成熟的花季里，你们要学法、守法，拒绝实施或参与各种违法犯罪活动；你们要知法、用法，增强保护自己的能力。

我们是检察官，是未成年人的朋友，保护大家是我们的职责。今天，我们把与未成年人有关的法律知识、自护技巧汇编成这样一本本小书，把法律送进校园，送到你的身边，希望对你有所帮助，伴随你长大成人！

最高人民检察院第九检察厅

给小读者的寄语

亲爱的小读者们，非常高兴你们能看到《孩子最爱看的安全故事》和《孩子最爱看的法律故事》这两套书。作为作者，之所以会写这两套书，并非一时兴起，而是因为我们发现现在市面上针对未成年人小读者们的普法书籍实在是太少，偶有一些，也往往流于形式，且多偏于生硬说教，直接影响了小读者们对法律知识的探究热情。那么，能否把理性复杂的法律知识和安全知识写得生动有趣，让小读者们不忍释卷呢？在这种想法的激励下，围绕"铁三角"——小灵通（马勇凌）、门墩儿（孟家栋）、竹子（安雨竹）展开的，将安全知识和法律知识融入学校、生活的故事丛书就诞生了。

《孩子最爱看的安全故事》和《孩子最爱看的法律故事》两套书各分为小学、初中和高中三个阶段。安全故事用"铁三角"经历的一系列紧急或危险事件，让小读者们在环环相扣的故事情节中，形成自我保护意识，学会预防侵害措施和及时自救方法。法律故事用"铁三角"身边发生的法律问题，将与未成年人息息相关的法律常识巧妙地融入生活，为小读者们打开了解法律的一扇窗。如果你是个有探索精神和求知欲的小读者，我们还精心准备了"检察官提示"和"法条链接"等拓展知识，以及日语和围棋等趣味知识。

发生在小灵通身边或搞笑或惊险的故事，一定会让你们轻轻松松爱上阅读，爱上法律。希望各位小读者们能够在这些贴近实际、妙趣横生的法律故事和安全故事中有所启迪，平安快乐度过每一天。

最后，感谢最高人民检察院第九检察厅（未成年人检察厅）对本书法律知识的专业审定，也感谢北京市海淀区建华实验学校王景彬同学从读者的角度提出的很好的建议。

王老师

2020 年初夏

目录

第一章　起名记　　　　001

第二章　奇遇记　　　　011

第三章　惊天一跃　　　021

第四章　不速之客　　　029

第五章　脑袋短路　　　039

第六章　神兵天降　　　049

第七章　惊魂甫定　　　059

第八章　练武记　　067

第九章　祸不单行　　075

第十章　病急乱投医　　083

第十一章　天使降临　　093

第十二章　春游遇险　　103

第十三章　"二货"本色　　113

第十四章　"风云动物"　　125

第十五章　都是盗版惹的祸　　135

第十六章　惨剧　　145

第十七章　竹子的高光时刻　　153

第十八章　摊上大事的广播　　163

第十九章　放暑假了　　　　173

第二十章　"吃人恶魔"　　　181

第二十一章　知识的"水库"　　191

第二十二章　正义感爆棚的妈妈　　199

本书主要出场人物简介

马勇凌：本书男一号，绰号小灵通，11岁，小学五年级。头脑聪明，性格略有些早熟，学习成绩不错，有时会犯马虎，努力程度一般。

孟家栋：本书男二号，绰号门墩儿，11岁，小灵通的发小，同班同学。身材魁梧健壮，头脑比肌肉略差一些，成绩较差。体育尖子生，校足球队主力后卫。

安雨竹：本书女一号，11岁，昵称竹子，小灵通的好朋友，同班同学。学习成绩优秀，缺少艺术细胞。性格偏内向，冷静、遇事不慌乱，与小灵通、门墩儿并称"铁三角"。

爸爸：大名马识途，职业是检察官，担任市检察院刑检部门主任，检察业务过硬，工作繁忙。

叔叔：大名马千里，爸爸的双胞胎弟弟，俩人长得几乎一模一样，职业是特警。一直单身，视小灵通为己出。

妈妈：大名李蕾，职业是编辑，性烈如火，嫉恶如仇。勤俭持家，是一位优秀的母亲和贤内助。有时过于节俭，烹饪技术欠佳，路痴。

马小二：一只哈士奇，小灵通家的宠物犬，外形漂亮。

梅老师：女，40岁左右，小灵通的班主任兼语文老师，很受学生尊重。

罗老师：男，35岁左右，数学老师。对待学生苛刻，喜欢刁难学生。

胡一波：绰号广播，男孩，11岁，小灵通的同班同学，家境富裕。班级许多小道消息的主要来源。

叶雨阁：昵称格格，女孩，11岁，小灵通的同班同学，班长，家境不错。学习成绩优秀，性格有些骄傲。

外公、外婆：家住城郊农村，疼爱小灵通。小灵通暑假经常去外公外婆那里体验田园生活。

第一章
起名记

早春三月，草长莺飞，正是各所学校开学的季节。这不，在前往蓓蕾小学的路上，正走过来一个长相文弱秀气，大眼睛一眨一眨的男孩。他，就是我们的主人公小灵通，一个小学五年级学生。

其实呢，我们的小主人公大名叫马勇凌，这个名字寓意还是非常好的。小灵通的爸爸妈妈为了给他起个名字颇费了一番心血。自打确认肚里怀了小灵通之后，他们就玩儿命地翻新华字典，结果一直翻到小灵通满月，这名字还是没起好。

倒不是因为小灵通的爸爸妈妈没文化，他们可都是正儿八经的大学生呢。主要是现在孩子的名字太难起了，既得念起来朗朗上口，又得有好的寓意，还要尽量避免和其他小朋友重名，免得家长喊一声"梓涵"或者"紫萱"，大街上一多半小朋友回头。而且名字还不能太复杂，比如，如果给小灵通起名叫"马龘龘①"的话，这名就起大发了，上学以后考试非得吃大亏不可——别人都交卷了，他却连自己名字还没写完呢。

无奈之下，爸爸妈妈决定抄起本新华字典随机挑字。爸爸说，他们单位同事小米家的孩子好像就是这么起的名，据说效果还不错。

妈妈先来，她闭着眼睛选了第314页第6个字，"六"（这个字不怎么样啊，妈妈心里嘀咕）。爸爸则照葫芦画瓢，随机选了第223页第12个字，"甲"，合起来就是"马六甲"②。

爸爸说："这个名字还成，好认易记，还能顺

---

① "龘"音"达"，意为龙腾飞的样子，是汉语中笔画最多的汉字，多达48画。

② 马六甲海峡，世界上最著名的海峡之一，位于东南亚马来半岛和苏门答腊岛之间。

带学习下世界地理知识，嗯，不错不错。哎，夫人你砸我干吗？这本新华字典这么沉……"

后来，妈妈偶然问起小米家的孩子到底随机选了哪些字？爸爸不好意思地说，后来我问过小米，小米说他先选了个"劳"字，寓意挺好，然后他媳妇选了个"蜀"字，我说不错啊，你媳妇不是老家四川的吗？"劳动在四川"，寓意很好啊。结果小米没好气地说，你也不想想我贵姓？我一琢磨这名字不就是"米劳蜀"（米老鼠）吗？终于明白那几天小米脑袋上那个大包是怎么来的了，目测作案凶器也是新华字典……

还好，大伯父的一封来信解决了这个棘手的问题。小灵通的爷爷奶奶早逝，爸爸和叔叔从小是长兄长嫂（也就是小灵通的大伯父和大伯母）一手拉扯大的，后来兄弟两个各自考上了大学。大伯父的话对他俩来说是一言九鼎，毕竟长兄如父，何况长兄还有养育之恩呢。大伯父在信中说，爸爸大名叫马识途，叔叔大名则是马千里，这里有个典故叫

"千里马识途"，咱老马家起名一贯这么引经据典。小灵通他们这一辈分，按家谱应该有个"勇"字，屈原有句诗写得好，"诚既勇兮又以武，终刚强兮不可凌"①，就叫"勇凌"吧。这个名字让爸爸妈妈连声称赞，叔叔也认为不错，于是"马勇凌"就光荣地上了马家的户口。

有小读者会问了，好好的"马勇凌"怎么绰号变成小灵通了呢？是不是这孩子从小就机灵啊？哪儿啊，这孩子小时候可没半点机灵劲儿。

那年，马勇凌刚刚上幼儿园。有一天课间，小朋友们正在教室里自由活动，这时不知道从哪里冒出来一位奇怪的叔叔，他手里拿着各种可口的小零食，脸上带着"和蔼"的笑容，走来走去向每一位小朋友都问道："叔叔带你出去玩好不好？看，叔叔这里有好多好吃的。"

聪明的小读者们一定看出来了，这位叔叔不大像

---

① 出自屈原《九歌·国殇》。

好人啊。问题是，现在是在幼儿园里而不是大街上，幼儿园老师怎么能让陌生人随便闯进来呢？原来，在幼儿园的监控室里面，幼儿园园长、全体老师和所有孩子们的家长都挤在一起，正通过教室里面安装的摄像头观察着这一切呢。这是市电视台做的一个小实验，让一位记者叔叔来引诱、试探孩子们，看看大人们平时对孩子们的安全教育是否到位。办公室里面还有一位记者阿姨，和家长们一起记录着这一切。

小朋友们很快从疑惑中镇定了下来，想起平时爸爸妈妈还有幼儿园老师的教导，纷纷远离这位"怪叔叔"。有一位叫叶雨阁的小女孩，用稚嫩的声音大声告诫小朋友们："他是骗子，是坏人，老师说过，千万不能跟他走。"她还小大人一样指挥一个小男孩赶紧去找老师来。

不过，记者叔叔此行仍然有收获，马勇凌和他的好朋友孟家栋，成了叔叔手里仅有的两只"猎物"，被顺利地抱走了。用园长的话说，"瞧瞧马勇凌，盯着人家手里的零食，眼睛都快拔不出来了"。

办公室里面一片善意的哄笑声,妈妈就差找个地缝钻进去了。

检察官提示

拐卖儿童犯罪,多发生于公共场所,如果家长不在孩子身边,很容易给犯罪分子以可乘之机。像本章中所描述的那样,犯罪分子利用孩子的心理弱点,用各种好吃、好玩的东西引诱,进而实施犯罪。因此,家长们尽量不要让六七岁以下的孩子单独出门,即使出门和小朋友们玩耍,也要有家长或者其他承担临时监护职责的人(比如幼儿园老师)陪同。

当然,**防范犯罪分子的根本对策就是提高孩子的防范意识,这就需要家长们从小对孩子进行一定的防范教育**,主要要点包括:

第一,告诉孩子非陌生人的范围,即告诉孩子哪些人是可以信任的。这个范围不宜过宽。

第二,告诉孩子千万不要和陌生人交谈,

更不能接受任何陌生人给的东西，再好吃、好玩也不要。

第三，告诉孩子千万不要随陌生人离开，如果孩子想去玩，可以和爸爸妈妈一起去。

第四，告诉孩子牢记自己和家长的姓名、家庭住址、家长工作单位和家里的电话，并且教会他们打电话。

法条链接

《中华人民共和国未成年人保护法》

第六条 保护未成年人，是国家机关、武装力量、政党、人民团体、企业事业单位、社会组织、城乡基层群众性自治组织、未成年人的监护人以及其他成年人的共同责任。

国家、社会、学校和家庭应当教育和帮助未成年人维护自身合法权益，增强自我保护的意识和能力。

不过,中国有句老话说得好:"士别三日,当刮目相看。"别看马勇凌小时候有点像个小糊涂虫,但是随着年龄的增长、知识的增多,特别是上了小学后,有了老师们的谆谆教导,这孩子的小脑瓜儿也越来越灵活。

那么,"马勇凌"又是怎么变成"小灵通"的呢?这个就要从他小学二年级那年的一段奇遇说起。

第二章
奇遇记

那是临近期末的冬天，由于学校规定每个班级每天都要有两位同学留下来做值日，打扫教室卫生，这天轮到了已经是二年级小学生的马勇凌和孟家栋。俩人是从小长到大的好朋友，又是男孩子，在一起难免打打闹闹，因此干起活来拖拖拉拉，等教室打扫干净，一抬头，得，外面天色已经黑沉沉了。

那时俩人岁数都还小，身材堪称两根豆芽菜，眼见天色已晚，心里不免有些打鼓，因为听高年级学长说，这段时间校外不时游荡着一个不良少年（俗称"小流氓"），经常趁天黑打劫落单的低年级学生零花钱。马勇凌胆大，说："咱俩不至于这么倒霉，这段时间我左眼皮跳得厉害，都说'左眼跳财，右眼跳灾'，显然咱俩不会有事。"

俩人壮着胆子，战战兢兢地走出校门。蓓蕾小学的位置有些偏僻，虽然没到郊区但也有点荒凉。那时学校周边还没发展起来，不像现在，已经是一个比较成熟完善的社区了。当时天色一片黑沉沉，学校周围连半个人影也没有，就他们俩，虽然离家也就七八分钟的路程，俩人还是感觉有点肝儿颤。

真是怕什么就来什么，刚刚走出校门没几步，只见一位不良少年正在附近游逛，嘴里叼着根烟，烟头在黑暗中一亮一亮跟鬼火似的。不良少年一看到他俩，眼睛猛然放出光来，跟狼看到猎物那眼神儿差不多。孟家栋四下张望，心中发慌，低声问马勇凌说："你确认自己是左眼跳？"马勇凌哆嗦着说："我天生有点左撇子，也许左右跟一般人相反。"听得孟家栋直翻白眼。

不良少年也懒得废话，半根烟往地上用力一扔，手指着俩人往学校旁边的小树林一比划，意思那里就是作案场所。俩人哪敢不从，只得磨磨蹭蹭地跟他走，心里琢磨着兜里的零花钱估计是不保了，只怕还要受些皮肉之苦。想到这里，孟家栋嘴咧得跟塞了个苦李子似的，眼看就要哭出来了。这时只听一声轻响，马勇凌弯下腰去，手在地面上摸索着什么。

不良少年回头看俩人半天也没跟上来，心中有气，问马勇凌干什么呢？马勇凌支支吾吾地说钥匙不小心掉地上了，天色黑暗，根本看不见。不良少年一脸不高兴，握紧了拳头走进来，看那架势是想给马勇凌点苦头尝尝。不料他刚走近俩人身边，却见马勇凌双手一扬，顿时双眼被土迷住，耳听得马勇凌对孟家栋大吼一声："还不快跑！"

俩孩子使出了吃奶的劲儿往家的方向跑去，没跑出多远，就看到一辆巡逻的警车路过。见到了救星，俩孩子一把鼻涕一把泪地告诉了警察叔叔事情的经过，警察叔叔立即向树林方向奔去。原来刚才马勇凌急中生智，将钥匙故意扔在地上，借捡钥匙之机抓了两把土在手里，等不良少年走到自己身边，便冲着他的脸一把扬了过去。不良少年哪里知道他还有这一手，顿时目不见物，警察叔叔抓到他时，眼睛还完全没法睁开，举着双手东摸西摸呢。

警察叔叔后来说马勇凌这孩子够机灵，也够狠，两把土一点儿都没糟践，全糊进不良少年眼睛里面了，抓回派出所后洗了半天才洗干净，后来这位还落下一个迎风流泪的毛病。

检察官提示

未成年人体力与违法犯罪分子相比，往往处于劣势地位，因此应当尽量避免硬碰硬地与违法犯罪分子发生直接冲突。应当因地因时制宜，像本章中的小灵通同学那样**巧妙地与其周旋，伺机逃脱**，才能真正起到保护自己的作用。

如果实在没有办法，同学们也**可以选择牺牲自己的财物**，毕竟，保障自己人身安全才是第一位的。

经此一事，马勇凌的大名在蓓蕾小学可以说是无人不知、无人不晓。二三年级的孩子们本就特别贪玩，尤其喜欢给同学乱起外号，由于马勇凌这次一举扫除了低年级同学的"心腹大患"，因此大伙儿给他起的绰号比较具有褒义色彩。由于他名字里面带个"凌"字，这次事件里面他表现也很机灵，那时正好有款手机叫"小灵通"，话费便宜，普及率挺高，于是，马勇凌就得到了"小灵通"这个光荣的绰号。而且他还多了句口头禅："我可真是个小机灵鬼儿啊！"

时间过得飞快，一晃小灵通已经是蓓蕾小学五年级的学生了。今天是五年级下半学期开学的第一天，走在上学的路上，小灵通还在对刚刚过去的寒假念念不忘，一边走，一边感叹，这世界上最遥远的距离就是寒假到暑假之间了。

不过，孩子们的注意力是很容易被分散的，小灵通的视线迅速被一座居民楼下围着的人们吸引过去。这座楼在小灵通每天上下学的必经之路上，紧挨着马路北边，楼上的一排排阳台就对着马路。

小灵通对这座楼一直心有余悸（原因呢，小读者们往下读就知道了），平常从来都是绕着走。不过像今天这样一群人挤在这里，小灵通还是头一回见，好奇心驱使小灵通上前去看看怎么回事。由于这段时间楼下马路正施工，小灵通一边向人群走去一边琢磨，该不会是施工扰民，小区居民和施工方发生矛盾了吧？

走近一看，情况非常蹊跷。只见人群围在楼下，围成个很大的半圆形状，内侧的几位叔叔向空中伸出双臂，其他人也是抬头望向半空，面色焦急。小灵通心说这神情难道是看到飞碟了？顺着大人们的视线望上去，小灵通几乎要发出一声惊呼，不等声音喊出来，他立即捂住了自己的嘴巴。

只见这座居民楼五层面向马路的阳台上，一个小孩正趴在阳台边上，半个身子晃在阳台外面，看起来也就两岁不到的样子，还不明白自己有多么的危险。围观的人们没有一个敢发出大声，生怕惊了孩子，也有阿姨非常小声地打听这孩子的住址，想通知他的家长。突然，只见孩子颤巍巍地想在阳台边上站起来，一个趔趄，在人们的惊呼声中，从十几米的高空直坠下来。

第三章
惊天一跃

千钧一发之际,忽见一条黑影从人群中"飞"出,在半空中一把抄住孩子,落地时顺势打了个滚,弄得满身都是尘土,孩子却始终被他稳稳地抱在手里,一点皮儿都没擦破。人们一愣,眼见孩子安然无恙,顿时掌声雷动。

只见见义勇为的是一个年轻人,二十来岁的样子,个子很高,小灵通目测他身高在190厘米上下,黑黑的皮肤,亮亮的眼睛,两道浓眉非常英武,只是身上、脸上沾满了尘土。人群中突然有位阿姨说:"这不是小杨吗?咱们市青年足球队的守门员,专业身手啊,难怪了。"听到这句话,小灵通突然一把抱住了这位守门员的大腿。

年轻的守门员被小灵通突如其来的举动弄得丈二和尚摸不着头脑，人们七嘴八舌地问这孩子是干吗呢？小灵通连忙向大家解释："我这还不是为了孩子好？您想啊，守门员扑到球，下一件事就是拍两下，然后一个大脚踢出去。我这是生怕这位守门员哥哥职业病犯了，好不容易救下来的孩子，再一脚给踢飞了。——我可真是个小机灵鬼儿啊。"

人群中发出一阵大笑，原本紧张的气氛一扫而空。有几位阿姨说要和居委会商量，好赶紧找到这孩子的家长，出了这么大的事，底下一群人担惊受怕的，这家人别不是集体梦游去了吧？这时只见远处一辆电视台的采访车向这里开来，小灵通心说这年头记者抢新闻确实够迅速的，不过多传播点正能量也好。

低头一看时间，小灵通撒腿就往学校跑去，开学第一天就迟到，这可不像话。

检察官提示

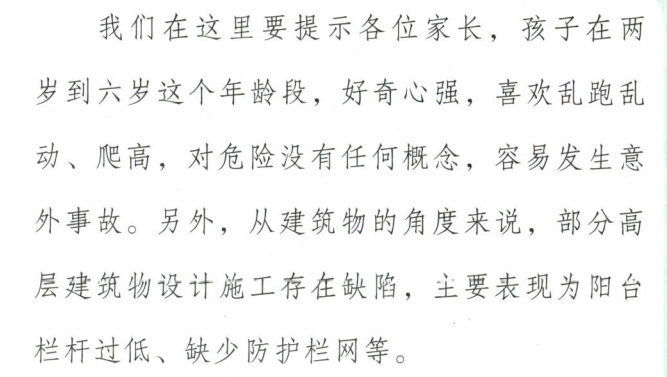

我们在这里要提示各位家长，孩子在两岁到六岁这个年龄段，好奇心强，喜欢乱跑乱动、爬高，对危险没有任何概念，容易发生意外事故。另外，从建筑物的角度来说，部分高层建筑物设计施工存在缺陷，主要表现为阳台栏杆过低、缺少防护栏网等。

因此，为防止坠楼事故发生，家长们应当做到：

第一，不要让孩子单独待在家中，更不要让孩子离开自己的视线。

第二，平时要告诫、提醒已经懂事的孩子不要在阳台、窗台附近或者楼顶嬉戏。

第三，重点防护窗户、阳台周围，除了要安装符合规格的防护栏网以外，还应当对防护栏网定期检查与维修，以免老旧松动。另外，还要注意不要在其附近放置床、桌椅、沙发等可以垫脚的物品。

法条链接

《中华人民共和国未成年人保护法》

第十四条 国家对保护未成年人有显著成绩的组织和个人给予表彰和奖励。

第十六条 未成年人的父母或者其他监护人应当履行下列监护职责：

（一）为未成年人提供生活、健康、安全等方面的保障；

……

（四）对未成年人进行安全教育，提高未成年人的自我保护意识和能力；

……

小灵通气喘吁吁地跑到学校门口，眼见不会迟到了，于是放慢了速度。突然有人从背后抢了他肩膀一拳头，还挺疼的，不用回头，光看这别出心裁的打招呼方式，小灵通就知道这是谁的

"杰作"了。

揍小灵通一拳头的是个高高壮壮的男孩，个子足足比小灵通高出多半头，块头也大上一圈，胳膊一伸出来尽是肉疙瘩，红黑色的脸膛，两道浓眉经常拧在一起，短寸头发显得倍儿精神，瞧起来虎头虎脑的。这位就是小灵通的发小，人称小灵通"免费保镖"的门墩儿，大名孟家栋。

这个名字刚才出现过两次了，各位小读者应该不会忘记吧？没错，在幼儿园那次"拐卖"孩子的实验当中，与小灵通一起被抱走的就是这位了。与小灵通一起智斗不良少年的，也是这位。这俩孩子不住同一个小区，但是离得也不远，几步路的事儿。从幼儿园起俩人就玩在一块，自小焦不离孟。虽然长大后俩人性格差别不小，但是一点也没有影响他们从小建立的友谊。经过那次智斗不良少年之后，两个人也可以说是患难之交了。

要说两个人的性格，小灵通偏"文"，样子长得文文弱弱，可天生一肚子嘎古主意，学习也好，在班级排名很靠前,缺点是脑袋偶尔会短路。门墩儿则相反,偏"武",长得高高壮壮,结结实实,要不能得到门墩儿这个绰号吗?一来是名字的谐音,二来长得像门墩儿似的身材在这摆着呢。要是像小时候那样体格长得跟豆芽菜似的,好意思叫门墩儿吗?

门墩儿是校足球队主力中后卫,蓓蕾小学足球队是本市少年足球界的一支劲旅,教练就是看中了他这副身材。从四年级加入校队起,几场比赛踢下来,门墩儿就成了后防线的绝对主力。小灵通也一样喜欢踢球,当初也报名参加校队了,不过教练略一打量,就给小灵通安排了一个球队非常重要的位置——啦啦队员。小灵通只得含"恨"退出……

不过说到学习,门墩儿就多少有点不灵了,成绩一直在班级中下游徘徊,经常要小灵通给他补课。到现在全班同学还记得门墩儿作文的代表作:"五岁那年,我就被病魔夺去了年轻的生命……"

第四章
不速之客

从三年级开始，小灵通和门墩儿俩人的身材开始"分道扬镳"，门墩儿越长越结实，小灵通则顺着"文弱"这条路一路狂奔，一条道走到黑。现在俩人走在一起，同学们都开玩笑说门墩儿成小灵通免费保镖了。门墩儿现在的体格，有些初中生都不一定比得上，事实上当年那个不良少年也就刚刚初二而已，要是换门墩儿现在这块头，根本不惧。

　　由于是开学第一天，课程并不紧张。早自习上，班主任梅老师主要布置了一些基本事项，比如交寒假作业和本学期的各种费用，强调学习纪律，等等。

小灵通心不在焉地听完梅老师布置的任务，心里还在回味刚刚过去的那个寒假，就感觉到有人在碰自己的手肘，不用说，一定是自己的同桌了。小灵通往右边看去，一双月牙般弯弯的眼睛在看着他呢。"勇凌，你想啥呢？魂不守舍的，不是脑袋短路了吧？"然后压低了声音悄悄对小灵通说："周五下午咱们没课，到我家来玩吧，有个小小的惊喜给你哦。"

这位呢，就是小灵通的同桌——安雨竹同学了。她去年这个时候刚刚转校过来，机缘巧合，和小灵通成了同桌，也成了好朋友，要说他俩从认识到熟悉到成为朋友的过程，也算是情节曲折了。望着竹子美丽的眼睛，小灵通的思绪飞到了一年前自己某次脑袋短路的时候。

一年前的这个时候，小灵通还在上四年级。有天晚上，小灵通写完了全部家庭作业，伸了个懒腰，正打算去客厅看会儿电视，却从自己卧室门缝中看到客厅有位陌生的叔叔。这位叔叔长得尖嘴猴腮，身边几个大号的购物袋上面"苹果"的标志倒是非常显眼。

好奇心让小灵通搬了把椅子坐到门边，用耳朵紧紧贴在门上，听听这位陌生的叔叔是何方神圣。

这位叔叔是个痛快人，说话开门见山，不过听完了他的话，小灵通对他剩下的只有鄙夷了。

原来，这位叔叔是"受人之托"，来找爸爸说情的。爸爸是位检察官，是市检察院刑检部门的主任，平素虽然有点书呆气，但是业务能力极其出色，深得领导赏识和信任，屡屡负责大案要案。这次有位犯罪嫌疑人的案子由爸爸负责出庭公诉，于是这位犯罪嫌疑人的家属就委托了这位叔叔通过各种渠道打听到了爸爸的住址，想通过贿赂爸爸使得这位犯罪嫌疑人逃脱法律的制裁。听这位叔叔的意思，想贿赂爸爸一大笔钱呢，还有苹果公司出品的

iphone、ipad、笔记本三件套,"给贵公子的一点小礼物,不成敬意"。

检察官提示

这里我们要向各位小读者介绍一下检察官最重要的行为准则之一:**拒腐蚀、永不沾**。由于检察机关是法律监督机关,自身是否清正廉洁,不仅关乎检察机关整体形象和检察公信力,而且影响案件客观公正,影响社会公平正义。因此,打铁还需自身硬,检察官时刻会以社会主义核心价值观作为根本的职业价值取向,严格自律,拒腐防变。

法条链接

《中华人民共和国检察官职业道德基本准则》

第五条 坚持廉洁操守,自觉接受监督。

小灵通回头看看自己书桌上的那部诺基亚2260手机，这还是爸爸三年前淘汰下来送给自己的。在智能手机十分普及的今天，这款手机毫无疑问是非常落伍的，除了接听电话和收发短信，没有其他功能了，更不用提无线上网什么的。当然，用来当锤子砸核桃吃特别好用，一下一个，以至于同学们经常跟他开玩笑说这是"智障手机"。从门缝里望了望"苹果"三件套，小灵通知道这些东西注定不会属于自己，但是仍然情不自禁地咽了咽口水。

接下来发生的事情没有让小灵通对爸爸失望，虽然将行贿者连人带东西扔出门外会大快人心，但是一贯温文尔雅的爸爸并没有这么激烈的举动。当然，爸爸的回答是绝对坚定和无可置疑的："国有国法，请相信我们会依照法律的规定秉公处理，其余不必多言，您请自便。"抬手一指家门，这位叔叔只好灰溜溜地走了出去，临走还不忘威胁爸爸一句"敬酒不吃吃罚酒"。妈妈咣地一声把门用力关上作为回应。

小灵通轻轻打开门走进客厅，崇拜又有点惆怅地望着爸爸，又看看妈妈。爸爸微笑地看着小灵通，用手轻轻抚摸着小灵通的头。"怎么样，眼馋那三件套了吧？"

"哪能啊？爸爸是英雄好汉，儿子也不能丢这个人哪。"

妈妈在一旁笑得腰都弯了，"拉倒吧，说到三件套那里，你咽口水的动静我们在客厅都听见了"。

小灵通脸上一红，正想辩解几句，只见爸爸蹲下身来，对小灵通说："勇凌，爸爸知道你想换部新手机，只是贿赂的东西咱绝对不能要。这样吧，你好好学习，今年期末考试进了班级前三名，爸爸就给你买一部新手机，而且是智能手机，如何？"

小灵通心里盘算得飞快，这个要求不高，本班同学学习成绩只有叶雨阁和胡一波比自己好，正常发挥，这部手机就到手了，哎，我可真是个小机灵鬼儿啊，只是……小灵通拿眼瞟了一下妈妈，只见自家总理兼财政大臣在微笑着点头。

"耶！"小灵通高高地蹦了起来。

第五章
脑袋短路

自打有了爸爸给买一部新手机的承诺,小灵通高兴得好几天走路都像要飞起来一样,连门墩儿看他的眼神都不大对劲儿,还偷偷问:"你小子没偷吃兴奋剂吧?"

不过,今天小灵通走路有点发蔫,因为刚刚得知爸爸有个重要案子要办,几天不能回家。由于办案信息全程对外界保密,包括家属,因此参与办案的检察官手机全部关机上交,统统使用单位配发的手机联系,所以家属即使有事也没法联系上他们,直到办案结束为止,少则三五天,多则七八天不等。爸爸自我解嘲说:"这几天你们娘俩就当我被外星人绑架好了。"事实上,从小灵通懂事时起到现在，爸爸每年都会被"外星人绑架"个三五回，小灵通和妈妈早就习惯了。

真正让小灵通郁闷的是，屋漏偏逢连夜雨，妈妈这两天也得出差一趟。虽然妈妈平时出差很少，但是这次确实任务紧急，而且单位人手不足，领导只好让妈妈克服一下困难。于是，小灵通就每天脖子上挂着家门钥匙，自己照顾自己了。还好小灵通从小懂事，六岁起就学着帮妈妈做力所能及的家务，还会做一些简单的饭菜。妈妈这次出门，在冰箱里面塞满了速冻饺子，不让小灵通饿着自己。

饶是如此，小灵通还是有点没精打采，毕竟一个十岁的孩子对父母依赖性还是挺强的。中午下课铃一响，小灵通就匆匆往家里跑，一边跑一边琢磨着速冻饺子的煮法。妈妈的工作单位离家不远，平时每天中午都能回家给小灵通做午饭，让那些因为父母工作忙，只能带饭或者自己回家热饭的同学们羡慕不已。不过今天小灵通只能像班级里很多同学那样，脖子上挂着家门钥匙，自己回家煮饭了。

第五章　脑袋短路 | 043

检察官提示

本章中，小灵通的爸爸妈妈犯了一个错误，那就是小灵通还是未成年人，**当爸爸妈妈均因为工作原因不在家，不能履行对孩子的监护职责时，应当委托他人代为监护。**否则，如果让未成年人自己独处的话，发生危险的概率会大为提高。

小灵通同学比较早熟并且非常懂事，可能是因为这个原因，爸爸妈妈忽略了不能让他一个人待在家里的问题，但是切记这样做是违反法律规定的。

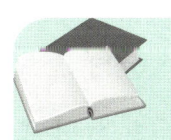

法条链接

《中华人民共和国未成年人保护法》

第二十二条（第一款）　未成年人的父母或者其他监护人因外出务工等原因在一定期限内不能完全履行监

> 护职责的，应当委托具有照护能力的完全民事行为能力人代为照护；无正当理由的，不得委托他人代为照护。

回到家里，小灵通去冰箱取了一袋速冻饺子，锅里煮上水，然后打开电视机，百无聊赖地等着水开。这时，门铃"叮咚"一声响了起来。

透过猫眼，小灵通看到门口站着一位面容和蔼可亲的阿姨，身边带着一个大拉杆箱。阿姨对他说："勇凌，我是你妈妈李蕾的同事。你妈妈临出差前，从单位旁边的超市又买了些吃的东西，让我顺路给你捎过来。"小灵通一听阿姨知道妈妈和自己的名字，显然不会有错，就打开了房门。

要说小灵通其实挺聪明，就是有时脑袋爱短路，虽然这位阿姨准确说出了妈妈和自己的名字，但是他也不想想，买多少吃的得用拉杆箱运呐，那不成喂猪了？小灵通此时还没有意识到，这次脑袋短路，会带给自己一次终生难忘的教训。

小灵通刚刚把房门拉开一条缝，这位阿姨就一把推开了整个房门，这个粗暴的举动吓了小灵通一跳，他本能地往后跳开，盯着站在门口的阿姨。阿姨和蔼的面容已经不翼而飞，取而代之的是一副阴沉沉的表情，"马勇凌，乖乖地跟我走吧，别敬酒不吃吃罚酒"。只见她从兜里掏出一块毛巾，小灵通远远地闻到上面有股刺鼻的味道。

小灵通马上想起来了，叔叔以前曾经跟自己说过，这个东西叫氯仿，是常用的麻醉剂，人吸入少许就会昏迷，这位阿姨难道是来绑架自己的？

小灵通猜得没错，这位阿姨和前几天晚上来行贿爸爸的獐头鼠目的家伙是一伙的，所以了解小灵通的家庭情况。那天向爸爸行贿不成，他们一伙人恼羞成怒，想用爸爸心爱的儿子来威胁他。

检察官提示

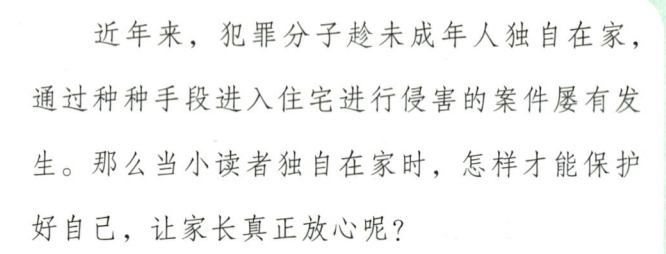

近年来，犯罪分子趁未成年人独自在家，通过种种手段进入住宅进行侵害的案件屡有发生。那么当小读者独自在家时，怎样才能保护好自己，让家长真正放心呢？

第一，自己一人在家时，要锁好防盗门、关好防护栏等。出去玩耍要关好门窗，防止盗贼潜入。

第二，来访者提出问题时，可以隔门与其对话，切不能开门让其进来。

第三，对自称是修煤气管道、修水表、修电表、修电话等的来访者，可以给爸爸妈妈打个电话，或者给小区物业管理部门、派出所等打个电话，问一下情况，有时一个电话就能避免一场灾难。

第四，当来访者自称是爸爸妈妈的同事时，可以让他说出爸爸妈妈的名字或重要信息。如果回答不上来，证明他们是骗子。对于自称是送水果、饮料等物品的陌生人，不能信

以为真，更不能让他们搬进家里。另外请注意，如果他们把东西放在门口时不要以为他们已经走了，可能他们就躲在不远处，当你一开门时，他就冲进来，那时后悔也来不及了。

第五，如果窃贼已经进屋，要迅速躲起来，伺机逃走和求救。切记无论在什么情况下，小朋友都不要和坏人搏斗，以免伤害到自己。

这伙人踩了几次点，发现小灵通住的这个小区进进出出的人很多，上下学的路上也是人来人往，趁小灵通上下学的时间直接绑架很难。这时正好得到爸爸妈妈不在家的消息，这伙人决定由团伙中的一个女贼出手，因为面对女性，小灵通的警惕性总会低一些。这个女贼携带的那个大拉杆箱是空的，打算迷晕了小灵通之后塞到拉杆箱里面运走，这样能掩人耳目，不被发现。

女贼一步一步逼近小灵通，小灵通一步一步退到了客厅的角落里，已经无路可退，可谓叫天天不应，叫地地不灵。女贼举起毛巾逼向小灵通，狰狞地笑道："这回你就是叫破喉咙也不会有人来救你了。"怎么办，难道我们的小灵通命中注定有此一劫吗？

第六章
神兵天降

事实上，这个犯罪团伙虽然计划周密，并利用小灵通偶尔的脑袋短路，部分实现了他们的目标——骗开了小灵通家的房门。可是他们之前毕竟没干过绑架这种对技术含量要求很高的事，这次绑架行动还是出了两个不小的纰漏：一是只有这个女贼自己单干，没人接应配合；二是这个女贼骗开门后喜出望外，进门只顾向小灵通逼去，却忘了顺手关门。这不，她听到了"咚咚"的敲门声。

　　女贼做贼心虚，吓得一激灵，回头一看，大吃一惊："马……马主任……你……你没去办案子？"她赫然看见马勇凌的爸爸正站在门口，笑眯眯地看着她。这时却听到身后小灵通一声兴奋地欢呼:"叔叔!"

原来,小灵通的爸爸和叔叔是一对双胞胎,俩人长得一模一样,不是自家人恐怕很难一下把他俩区分开。俩人很小的时候,小灵通的爷爷奶奶就先后去世了,是小灵通的大伯父将他俩抚养长大的。后来俩人都考上了大学,爸爸毕业后成为一名检察官,叔叔则成为一名特警。

不过,叔叔所在单位隶属于国家安全部门,工作属于保密性质,颇有神秘色彩。即使是爸爸也不太清楚自己的弟弟具体是做什么工作的,只知道叔叔动不动就消失一段时间去执行任务,再次看到叔叔时,叔叔的神色往往像经历了一场战争那样疲惫,身上还经常挂彩。叔叔是一位国家功臣,立过一次一等功,但是他从来不和别人主动谈自己的工作,小灵通一家自然也从来不过问。

叔叔一直没有成家,因此非常疼爱小灵通,对待小灵通就像对待自己的亲生儿子一样。每当叔叔偶尔不出任务在家休息时(叔叔和小灵通一家住在同一个小区），小灵通就会赖在叔叔家里几天，俩人亲如父子，叔叔会跟小灵通聊好多成长经历，也会教给小灵通很多东西。

叔叔前段时间有任务在身，过年时只与小灵通一家匆匆见过一面。现如今任务已经结束，本来前几天就想过来看望哥嫂和侄子，没想到出于职业敏感，他注意到了小区里那几个鬼鬼祟祟在小灵通家附近踩点的家伙。叔叔认为他们很有可能对小灵通一家不利，于是就发挥职业特长暗暗跟踪，自然今天及时救了小灵通。

有小读者会问，要是那女贼进屋后立即把屋门锁上了怎么办？这个呢，开锁是叔叔从事特警工作必备的技巧，简单到拿俩五毛钱钢镚儿就行。放心，叔叔的这个技能我是不会告诉你们的。

叔叔和爸爸长得如此相像，以至于女贼晕头转向，不知道眼前这个"马主任"怎么变成了"叔叔"，只得问："你到底是谁？"叔叔微微一笑："我叫破喉咙。"

女贼一听就知道叔叔在消遣她,又吃不准叔叔的斤两,心想先抓住小灵通当人质再说。回头一看,小灵通聪明得很,趁她一回头的工夫,"嗖"的一下跑阳台上去了,反锁了阳台门。女贼一看自己今天败局已定,怒从心中起,恶向胆边生,一声号叫,从腰间拔出一把刀,向叔叔刺去。

叔叔艺高人胆大,凶器离面门还有不到一寸,才猛一侧身,刀一下子刺了个空,女贼右半身整个空当全部暴露在叔叔面前。只见叔叔右手成虎爪之形探出,疾如闪电,一把抓住女贼右臂,只听"咔嚓"一声轻响,女贼的右臂就脱了臼,速度之快,小灵通根本没看清楚。接着叔叔的左手食指和中指并拢如剑,一下子戳在了女贼脱臼的右臂腋窝下。

只听女贼"嗷"的一声惨叫,身体向上蹿起来一尺多,掉下来摔在地上,左手死死捂住右肩,疼得两眼翻白,口吐白沫,整个人抽搐成一团。叔叔看也不看她一眼,拿起手机拨打110报警。

小灵通大着胆子过来,看到女贼的惨状,吐了吐舌头。"叔叔，她没事吧？"叔叔拍了拍小灵通脑袋，"下次可别再放陌生人进屋了，多危险哪。她没事，一会儿我给她接上胳膊就好了。敢绑我侄子，先吃点儿苦头再说"。

检察官提示

有的小读者可能会问，叔叔制服女贼的过程中，让女贼受了伤，是否需要承担法律责任呢？

这个问题问得很好。叔叔的行为，在我国《刑法》中被称为正当防卫，就是为了使国家、公共利益、本人或者他人的人身、财产和其他权利免受正在进行的不法侵害，而采取的制止不法侵害的行为，对不法侵害人造成损害的，属于正当防卫，不负刑事责任。另外，我国《刑法》还特别规定，对正在进行行凶、杀人、抢劫、强奸、绑架以及其他严重危及人身安全的暴力犯罪，采取防卫行为，造成不法侵害人伤亡的，不属于防卫过当，不负刑事责任。

本章中，女贼正要企图绑架小灵通，并且持刀对叔叔行凶，叔叔为制服她被迫将她打伤，属于典型的正当防卫行为，是不承担刑事责任的。

法条链接

《中华人民共和国刑法》

第二十条（第一款） 为了使国家、公共利益、本人或者他人的人身、财产和其他权利免受正在进行的不法侵害，而采取的制止不法侵害的行为，对不法侵害人造成损害的，属于正当防卫，不负刑事责任。

不一会儿，一辆警车来到楼下。叔叔向两位警察出示了自己的证件，两位警察一看叔叔的警衔，"啪"来了个标准的敬礼。叔叔摆摆手，"不用客气,这女的涉嫌绑架,抓起来好好审,他们团伙好几个人呢,搞不好你们能立上一功"。两位警察揪起还在抽搐的女贼,正要戴上手铐,叔叔伸手阻止了他们,"甭着急,我把她胳膊环儿给摘了,赶紧给她接上吧,要不时间长了,这胳膊得留后遗症"。两位警察一看可不是,女贼的右胳膊肿得快有大腿粗了。

  接好了女贼的胳膊,把她押进警车,两位警察回头请叔叔和小灵通去做个笔录。叔叔点头,并跟小灵通说:"跟班主任老师请个假吧,今天下午好好休息一下,压压惊,做完笔录就去叔叔家住吧,这几天叔叔照顾你好不好?"小灵通惊魂未定,连头都不会点了。

第七章
惊魂甫定

到了叔叔家里，小灵通蹦上叔叔的床倒头就睡，睡得那叫一踏实，一觉醒来天都擦黑了。小灵通揉揉眼睛，却没看到叔叔，倒是看到了叔叔留给自己的一张纸条，原来叔叔单位临时有急事，告诉小灵通不用担心，晚上他还回来，厨房微波炉里面已经给小灵通做好了晚餐。小灵通边琢磨叔叔这工作可真是神龙见首不见尾，边向厨房走去。

小灵通走进厨房，看到微波炉里面放着一个加热好的三明治，是叔叔亲手做的，样子有点"随心所欲"，不过味道很好。小灵通正狼吞虎咽地吃着，听到门铃响了起来。

乍一听到门铃，小灵通吓得哆嗦了一下，一朝被蛇咬，十年怕井绳。小灵通蹑手蹑脚地走到房门那里，大气都不敢出。透过猫眼一看，小灵通"咣"的一声，直接把门拉开了。

有小读者会问，小灵通难道还没吸取教训？这回倒不是小灵通继续脑袋短路，而是因为门口站的是门墩儿。门墩儿一进门，就给小灵通肩膀来了一拳，疼得小灵通龇牙咧嘴，这也算是俩人之间特有的问候动作了。门墩儿边捶小灵通边嚷嚷："下午你没去学校，打你手机也没人接（小灵通受惊吓过度，把手机忘家里了），我还以为你怎么着了呢。一问梅老师，是师父打的电话给你请假，我就琢磨着事情不对，放了学就跑到你家，一看家里没人，我就猜你在师父这儿。出啥事了？"

哎，有小读者又要问了，这门墩儿一口一个"师父"的，这是哪路神仙啊？这还得从小灵通和门墩儿二年级那次遇险说起。

那回俩人碰上不良少年抢劫零花钱，小灵通借捡钥匙之机攥了两把土在手里，趁不良少年来查看时全糊他眼睛里面，俩人因此顺利脱险。因为这个，门墩儿一度对小灵通佩服得五体投地，用他自己的话说，那时脑子就是一片空白啊，光琢磨着完了完了，这次零花钱保不住了。哪像小灵通这般智勇双全。

小灵通倒也没自吹自擂，他告诉门墩儿，这些都是跟叔叔学的。叔叔执行任务，遇险可不是一次两次了，每次都能靠自己的超强身手和机智化险为夷。别忘了，叔叔可是获得过一等功的英模，在叔叔休假期间，小灵通经常磨着叔叔讲他的战斗经历，对一个男孩子来说，没有比这种亲身经历更惊险刺激的事情了。这时候，叔叔一般也会打开话匣子，跟小灵通讲很多不涉及国家秘密和工作秘密的片断，有些主角是他自己，有些是他的同事，还夹杂了不少天文地理、社科人文的知识。小灵通聪明，不少东西听过一遍就记住了，当然叔叔的身手靠听是学不来的。

门墩儿听完,崇拜的对象立马改成叔叔了,生磨硬泡着非得跟小灵通见叔叔一面,小灵通也够义气,拍拍胸脯说这事儿包他身上。不过,当时叔叔正有任务,俩人再次见到叔叔,还是两个月后的事情了。

结果刚一见面,叔叔就被门墩儿给吓了一跳,只见门墩儿"咕咚"一声双膝跪地,死活要拜叔叔为师,说:"您那些海阔天空的知识我也学不会,只想跟您学些武艺,一来强身健体(那时门墩儿长得跟豆芽儿差不多),起码小区这一片闹个小流氓啥的不用担心,二来长大了好维护世界和平……"

小灵通在旁边心说这门墩儿是看多了武侠小说,中毒了吧。

叔叔叫门墩儿弄得哭笑不得,扶起门墩儿跟他解释:第一呢,叔叔学得都是擒拿格斗,出手的话，对方不残也伤，这些功夫没法教人；第二呢，即使仅仅是强身健体，那也是要吃不少苦的，你一个小孩子，怕是受不了。

小灵通在旁边插话："就是就是，叔叔从小就想训练我，结果我一听早上五点半就得起来压腿、扎马步，我就说我还是跟爸爸学法律吧。"叔叔拍拍小灵通的脑袋："你还有脸说，从小不好好跟我练，现在这不长成一根豆芽了吗？"叔侄二人正斗嘴，只见门墩儿小眉头一皱，斩钉截铁地说："没问题，什么苦我都能吃，只要有个好身体，不被人欺负。"

从那以后在门墩儿家的小区门口，每天五点半大家还在梦乡的时候，就有一个孩子在辛苦锻炼，风雨无阻。旁边有时还会有一个瘦瘦高高的叔叔在进行指导。

检察官提示

我国现阶段大部分中小学生学习压力不断增加,特别是来自父母、亲人的期望,各位小读者的大部分时间都用在学习和补习功课上。加上受应试教育思想的影响,提高升学率是各个中小学竞争的指标,因此体育锻炼在学生、老师和家长看来属于次要任务,受重视程度是远远不够的。

但是,拥有良好的身体素质是社会对每一个公民的要求,无论是学习还是工作,都需要拥有强健的体魄和健康的身体素质。而中小学生时代正是身体成长时期,也是锻炼身体的大好时期,体质的差异直接关系到各位中小学生的未来。

在这里,我们强烈建议同学们自发地加强身体锻炼,可以给自己定一个时间表,每天挤出一定时间进行锻炼。试想,一个弱不禁风的同学,又怎能应对将来走上社会后的激烈竞争呢?

第八章
练武记

一晃两年过去了,小灵通和门墩儿也从二年级升到了四年级。门墩儿的苦练有了很大收获,高高壮壮的身材让他鹤立鸡群。倒是小灵通,一直是一副文弱书生的模样。门墩儿不光成了校足球队队员,也顺理成章地成了小灵通的义务保镖。只是门墩儿以后见了叔叔就喊"师父",让叔叔哭笑不得,当然后来听着听着也就习惯了。有一回小灵通开玩笑说干脆叫你"二师兄"得了,过了好一会儿才明白过来的门墩儿捶了小灵通好几拳。

小灵通把今天中午的险情跟门墩儿详详细细地说了一遍,门墩儿连呼好险,说:"得亏师父这几天在家,要不你该上全市新闻了。"气得小灵通直翻白眼，说"这个出名机会我还是让给你好了"。

俩人正斗嘴，只听门铃又一响，小灵通面色骤变，手也不由自主地有些发颤。门墩儿一握小拳头，腾地一声闪到门后，往猫眼一张望，随即换了副笑容，打开门恭恭敬敬地鞠了个躬："师父晚上好。"

这一晚上，叔叔、小灵通、门墩儿过得很愉快，叔叔买回来不少好吃的给小灵通压惊，小灵通哪吃得了那么多，大部分都便宜了门墩儿。叔叔问了问俩人的学习，聊了聊家里的近况，又讲了一些历险故事，三个人其乐融融。

不过说起中午这次危险，叔叔面色有些凝重，叮嘱小灵通以后要特别注意自己的安全，爸爸现在的工作性质可能会得罪一些人，难免有人会打爸爸家人的主意。门墩儿劝说小灵通现在跟师父学习锻炼身体还来得及，小灵通一听，表情跟吃了黄连差不多。

叔叔说这小家伙从小不大喜欢锻炼身体，这点倒像他老爸。门墩儿感到奇怪,问:"师父和马伯伯不是双胞胎兄弟吗?书上都说双胞胎性格差不多,怎么你俩一个喜静一个喜动呢?"

叔叔说这很正常啊,有的双胞胎就是性格迥异的,不过小灵通爸爸也不能说是天生不喜欢锻炼身体,多半还是因为工作原因。像他自己,从小就一门心思想做一名光荣的警察,大学第一志愿也是报的中国人民公安大学并被顺利录取,因此从小就特别注意锻炼身体。那时小灵通爸爸还经常陪他一起锻炼,身体也不错,上大学时还是系篮球队成员,直到大学毕业去了检察院工作,还经常向他这个弟弟讨教格斗技术呢。当弟弟的自然是知无不言,言无不尽,教了哥哥不少东西。

小灵通插话道:"那怎么打我记事起,爸爸也不锻炼了?没事在家里就捧本书看。"

叔叔笑笑,"这个再正常不过,一方面,成了家的男人多少都会发福。另一方面,工作中也用不上这些。再说你爸忙起来你也不是没看到,当然没空锻炼身体了。不过呢,在这个问题上,我多少也要承担一点责任……"看着两个孩子疑惑的眼神,叔叔讲了一段往事。

那时,叔叔和爸爸刚刚参加工作,爸爸还没认识妈妈,处于单身汉阶段。兄弟俩当时宿舍离得挺远的,只能周末见见面,一般是叔叔去爸爸那里,因为叔叔宿舍在远郊,条件挺艰苦的,周末经常去哥哥那里打打牙祭①。一来二去,爸爸单位都知道他有个双胞胎弟弟。爸爸每周末看到叔叔自然很亲切,那时年轻,也缠着老弟教他两招,办案中没准能用得上。叔叔就把自己的几手绝招教给了爸爸,包括中午一指戳翻女贼的那招,堪称稳准狠,找准部位戳下去,一下子就可以让对方丧失反抗能力。

结果没过多久叔叔又去爸爸那里,一开门吓了一跳,只见爸爸右手打着夹板,用绷带吊在脖子上,看样子伤势不轻。叔叔赶紧问怎么回事。爸爸

---

① 牙祭,本意是指吃肉,现在多用于形容好吃的东西。

说前几天跟同事们骑自行车下乡办案，出了点小事故，老乡的一头牛惊了，向爸爸和同事们冲过来，撞倒了好几个，好在都是些皮外伤。爸爸刚学了些功夫，艺高人胆大，由于摔倒在地上，腿被自行车压着，一时间爬不起来。却见牛向他直冲过来，同事们一片惊呼，胆小的还捂住了眼睛。他微微一笑，心说正好显显我的本事，只见他不慌不忙，右手双指并拢，"唰"的一声，用力向牛脚心戳过去——这是叔叔的绝技之一，在被敌人打倒时使用，用好了可以让敌人脚部麻痹，一下子反客为主、逆转局势。

叔叔跟爸爸说："我这招管用吧？后来怎样？哎，不对啊，这牛它有脚心吗？"

爸爸抬起头看着叔叔，眼神无比哀怨。"要是牛长着脚心，我这手指头它能折吗？"

#　第九章

祸不单行

小灵通在叔叔家里住了两天，精神恢复得差不多了。于是接下来的早上，小灵通背起书包，继续去上课。

走在路上，看着初升的太阳，小灵通多少还有些头晕脑涨，毕竟对一个年仅十岁的孩子而言，绑架未遂事件给他带来了不小的惊吓。不知不觉间，小灵通走到了一座楼下（就是后来五年级下半学期开学那天，守门员飞身救下坠楼孩子的那座楼），由于道路中间正在施工，小灵通就贴着楼边走了过去。

就在这时，楼上一个黑影突然掉落，"砰"的一声，摔在了离小灵通不到一米的地方。原来不知是谁家掉落的一个花瓶，好险啊，差一点就砸到小灵通。小灵通吓了一大跳，路过的人们也吓得不轻，却见小灵通下一个动作居然是从兜里掏出了自己的手机。

原来小灵通差不多给吓傻了，他唯一的念头是想翻翻万年历，看看这几天自己是不是霉运当头。在人们疑惑的目光中，小灵通打开手机，却看到一滴滴血从自己胳膊上滴落。"我……受伤了……吗？"小灵通只觉得天旋地转，眼前一黑。

这是哪里？白色的天花板……绿色的墙壁……穿着白大褂的阿姨……洁白的床单……消毒水的味道……

哦，这里是医院啊。小灵通一抬头，看到了三张熟悉的面孔，原来是爸爸和妈妈，叔叔也站在一边，三个人焦急地看着自己。小灵通心头一热，一把抱住爸爸妈妈，咧开嘴放声大哭。

妈妈也是泣不成声，死死地抱住小灵通，眼泪把小灵通肩膀那里的衣服都打湿了，却一句话也说不出来。爸爸和叔叔眼圈也有些泛红。

"病人家属，在病房请保持安静。"一位和蔼的女护士走过来，给小灵通换药。

小灵通这才注意到自己的伤势，其实根本没多严重，就是右手手臂被飞溅的花瓶碎片划破点儿皮，流了点儿血而已。不过小灵通这几天经历了不少事情，一时心力交瘁，就晕过去了。好在一位热心的过路人把小灵通抱起，送到了医院。这位好心的叔叔也住小灵通这个小区，认识小灵通，他孩子也在蓓蕾小学读书，不过比小灵通低两个年级，于是通过班主任梅老师联系到了小灵通的爸爸妈妈。爸爸手头的案子刚刚告一段落，正趴在办公桌上打盹呢，接到电话就飞奔到了医院，顺便叫上了叔叔。妈妈则刚刚下火车，都没顾得上回家，就直接跑到了医院。

看着自己亲人焦灼的表情，小灵通心头一阵阵温暖。

这时叔叔凑过来说："你这孩子也真是命大。刚才你睡着的时候，看你没啥事儿，我和你爸报了警，联系了那边的居委会，查清了情况。敢情是那楼上两口子掐架，男的吵不过媳妇，一气之下把家里花瓶顺窗户扔出去了。"

爸爸说："还好勇凌没事。不过人家也知错了，没看他听说差点儿砸着人，脸一瞬间变得煞白吗？再说他也被拘留了，得到了应有的惩罚，只要勇凌没事就好。"

小灵通毕竟没啥大事，只是受了不小的惊吓，因此大夫叮嘱按时换药、多注意休息之后，下午小灵通就出院了。

检察官提示

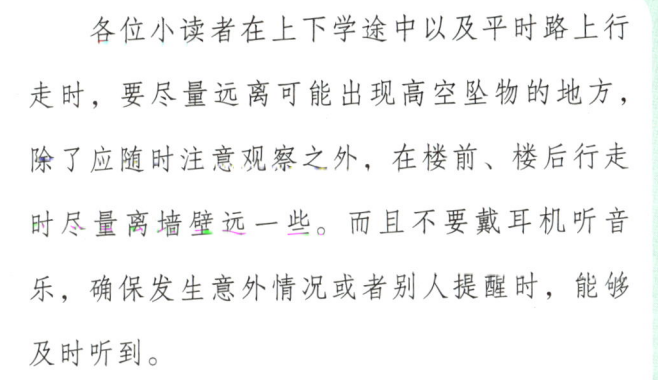

各位小读者在上下学途中以及平时路上行走时，要尽量远离可能出现高空坠物的地方，除了应随时注意观察之外，在楼前、楼后行走时尽量离墙壁远一些。而且不要戴耳机听音乐，确保发生意外情况或者别人提醒时，能够及时听到。

防范高空坠物应特别注意：**第一，高架的广告牌。**由于大风或自然松动，容易导致广告牌瞬间倒塌坠落。**第二，居民楼房坠物。**阳台上的花盆等摆放物会由于主人操作不当或大风而引起坠落。**第三，高楼的墙面装饰物和窗户玻璃碎片。**刮风时，高层楼房墙面的装饰物或松动的表层可能发生脱落，窗户上的玻璃、碎片也可能坠落。**第四，建筑施工工地的坠物。**安全防护网若不齐全，砖石物料就可能会从上面掉下来。

叔叔开车载着一家三口回家，小灵通路上又迷迷糊糊地睡着了。朦朦胧胧间听妈妈说他近来总碰上不好的事情，不会是冲撞了哪路神仙吧？想给他找个"道行"高的看看。爸爸刚开口表示反对，马上就闭了嘴。小灵通心里明白，妈妈一定和往常一样瞪了爸爸一眼，这两口子意见有分歧时，一般都是通过这种方式结束争执的。叔叔稳稳地开着车，装作没听到。

在家闷头睡了三四天，小灵通精神恢复得差不多了，这孩子心宽。至于伤口好得更快，回家除了医生开的药，妈妈还给他灌了整整三瓶云南白药，一天一瓶，把白药瓶子里面那颗红色的"保命丹"①也喂他吃了。爸爸在旁边实在看不过去，说："一点皮外伤而已，至于这么小题大做吗？"在妈妈的"乾坤一瞪"下，爸爸灰溜溜地抄起本书奔书房了。

---

① 也叫保险子，每瓶或每盒云南白药中都有的一粒红药丸，一般只用于危重的外伤使用。

第十章
病急乱投医

哇，好香的烤乳猪啊，香喷喷、油汪汪，猪眼睛那里还放了两盏彩灯，一闪一闪，小灵通口水都流出来了，迫不及待地伸出筷子去夹。突然，乳猪对小灵通微微一笑，慢慢地飘了起来，越飘越远，速度并不快，可是小灵通怎么追也追不上。看着小灵通着急的样子，乳猪得意地对小灵通说："勇凌，该起床了，太阳都晒屁股了。"

小灵通猛一睁眼，妈妈的笑容就在眼前。"快起床吧，小懒虫，看看都几点了，一会儿跟妈妈出去一趟。哎呀，这枕巾上怎么都是口水啊，你做梦娶媳妇了？"

小灵通慢条斯理地吃完早饭——这个倒不是爸

爸妈妈教他吃饭要优雅，只是妈妈做饭手艺实在欠佳，简简单单的鸡蛋煮挂面，面条煮得烂糊糊不说，两个荷包蛋，一个煮老了，另一个却半生不熟，小灵通想破了脑袋也没琢磨明白妈妈是如何做到的。

不过，妈妈显然对自己手艺很满意，根本没注意到小灵通跟喝了中药似的表情，看着他吃完："走吧，乖儿子，今天妈妈领你去见一个大人物。"

联想起出院那天的对话，小灵通心说这是封建迷信，老师都教我们了，不能信。不过经过再三思考，小灵通还是把这话咽到肚子里面了。妈妈毕竟是为了自己好，这些年来没见妈妈相信过什么封建迷信之类的东西，这回可是疼子心切，病急乱投医，可怜天下父母心啊。

妈妈这几天请了假在家陪小灵通，同事们听说了小灵通的事情，纷纷向妈妈表示慰问。因为妈妈人缘好，有位老大姐就给妈妈分析了，说小灵通这情况看起来是运交华盖，犯冲，要不哪能接二连三地净出事呢？得找个"大仙"给瞅瞅，算算小灵通的运势，破破霉运，听说有位"大仙"道行挺深，家住……

就这么着，妈妈心思被说活动了，等小灵通恢复得差不多了，就拉着小灵通直奔那家"大仙"的住处。到了地方一看，好家伙，门口等着"大仙"算命的都排队呢，门口还有一取号机。小灵通心说这还现代化经营呢。

排了半天队，好不容易到了小灵通的号，妈妈拉着小灵通进了正屋，只见屋里灯光昏暗，一片烟雾缭绕，香点了不少，挺有点神秘感的。中堂上贴了几幅神像，也不知道都是谁，下面供着香案、香炉。香案旁边摆了张八仙桌，旁边坐着位道士打扮的人，只见他年纪倒不是很大，穿着八卦道袍，头上挽着一个道士发髻，手里拿着拂尘（小灵通可不知道这个叫拂尘，一直管这玩意儿叫苍蝇掸子），长须垂胸，眼睛半开半闭，看起来颇有点仙风道骨的架势。

妈妈甚是虔诚，向这位"道长"鞠了一躬，报上小灵通的生辰八字，道长眼睛抬也不抬，拿手指头在袍袖里面掐算，突然猛一拍桌子，把小灵通娘俩吓一跳，说："这孩子最近有血光之灾，前几日还有人身危险，是也不是？"妈妈一听，连忙点头。

好像挺神奇，是吧？小灵通后来才弄明白，敢情利用封建迷信进行诈骗，也不是谁都能干的。干这行，起码也得是半个心理学专家，还得在察言观色方面是一等一的好手。

就拿小灵通这回来说吧，道长看妈妈面色焦急，又是给孩子看运势，那不用说，肯定是孩子最近出事了——没事谁把孩子往这地方领啊？这么小的孩子，不会有什么破财之类的事情，当然是人身有危险了。那怎么能肯定是血光之灾呢？小灵通手上还包扎着绷带呢，虽然穿着外套，但是袖口还是露出来一点，道长眼尖，一看这孩子有外伤，那能不是血光之灾吗？

后来，这位道长因诈骗被抓了，爸爸还挺惋惜的，说这位可惜走错了道，要不以他的水准，去名牌大学心理系读个博士绰绰有余，要不也不能在这片混出不小的名堂，都被人家称为"大仙"了。好在这位"大仙"除了骗钱，倒也没闹出啥人身伤害事件，就是卖卖他那些鬼画符，灵不灵另说，起码不会带来啥坏处。

检察官提示

近年来，利用封建迷信进行诈骗的案件屡见不鲜。其实，这些骗子手段并不高明，究其原因是人往往存有严重的封建迷信心理弱点。

对于未成年人的家长而言，可以说是被利用封建迷信进行诈骗"上佳"的目标。一方面，家长普遍爱子心切，捧手心里怕摔着，含嘴里怕化了，孩子有点小病小灾，很容易病急乱投医。另一方面，一些家长科学文化素质不高，容易被蛊惑。希望小读者们向家长多多做科普，促使他们提高警惕，提高科学素养，以防上当受骗。

那么这回妈妈上当了没有？道长舌绽莲花，顺着妈妈的思路一顿神吹，侃得妈妈找不着北，小灵通心里已经开始琢磨要不要赶紧拉妈妈回家，看这架势，妈妈非得上当不可。

果然，妈妈问道："那么请教道长，我家小儿最近灾厄不断，当如何破解呢？"道长说："这容易啊，把我这道符文拿去，缝到他贴肉的衣服里面，穿七七四十九天，不得更换，也不得让外人知道，第四十九天午夜，等他睡熟，取出符文，向东南方向连喊他名字三遍，把符文烧了，可保他二十年平安。二十年后若有缘分，可再来找我……"

妈妈说多谢道长，请道长赐符。道长说这不叫"赐"，叫"请"，请一道符，得心底虔诚，还得有功德奉献……

妈妈又问什么是功德奉献？道长说这个看你自己心意，贫道没有任何要求，有个差不多两三万就行了，有道是心诚则灵，诚不诚就看奉献多少了……哎，这位女施主，你跑那么快干吗……

第十章　病急乱投医

　　小灵通只觉自己身边起了一阵风，妈妈拉着自己一转眼的工夫就到家了，小灵通心中好笑，故意问妈妈怎么不奉献"大仙"些钱呢？

　　妈妈一本正经地告诉小灵通，爸爸妈妈都是唯物主义者，不要相信封建迷信，以后自己多注意安全就是。小灵通再也忍不住，大笑出来，说得亏妈妈没上当，否则钱不钱另说，一件贴身内衣穿四十九天不换，那不都臭了吗？

第十一章
天使降临

在家休养了几天，小灵通身体和精神彻底恢复了，又背起自己的小书包高高兴兴地去上学了。只是再路过那座楼时，小灵通宁可绕远到马路另一边去，离它远远地走，实在是给吓怕了。快到校门口时又碰上了门墩儿，俩人照例一边斗嘴，一边走进教室。

刚上早自习，梅老师就走进了教室，后面还跟着一个小女孩，女孩长相清秀，个头不高，梳着两个小辫子，背着书包，半低着头，偶尔抬头看一眼同学们，目光与同学们甫一相接，头又迅速低了下去，一副怯生生的模样。

梅老师介绍说，这位是我们班的新同学，刚刚转校过来的，名字叫安雨竹，希望大家能够欢迎新同学，帮助她迅速融入新的班集体。大家一起鼓掌，安雨竹抬起头来，向同学们报以一个甜甜的微笑，说道："大家以后就叫我竹子好了。"这时大家才看清竹子的样子，只见她眉清目秀，两道细长的娥眉，一笑起来，两只眼睛就变成了弯弯的月牙。

小灵通乍一看到竹子的眼睛，心里突然轰隆一声巨响，就像被雷电击中了一般。他目不转睛地看着竹子，一直看着竹子向自己走来，不会是幻觉吧？小灵通使劲眨眨眼睛，确认自己不是幻觉，可是，为什么竹子向自己走过来呢？

原来小灵通之前的同桌开学后转校了，整个教室就他身边这一个空位置，新同学来了自然就安排在他身边，只不过当时他目不转睛地看着竹子，的确有点失态。后来，小灵通回忆起这一幕就很不好意思，连连推说自己那时心理创伤没好利索，还有点神志不清。竹子倒是大大方方地坐下来，准备好文具和课本，认认真真地预习起教材来。

整个上午，学习的课程内容小灵通都没记住，自己也不知道在想啥了，只是隔段时间就向自己新同桌瞟上一眼。同学们看到此情此景，一个个掩口而笑，唯独小灵通浑然不觉。

最后，班长叶雨阁实在是看不下去了，这个女孩从一年级起一直是班长，在同学们中间威望很高，由于她是满族，而且名字中有个"阁"字，同学们都喊她"格格"。格格趁小灵通不在，告诉同学们小灵通这段时间发生了很多事情，精神受了刺激，要有同情心、爱心和包容心。门墩儿转头就告诉了小灵通，小灵通哭笑不得。

不过新同学的到来，确实成为班级一个小小的热点，倒不是因为新同学长得漂亮（班级里面漂亮女孩了好几个呢，再说只是小学四年级的孩子而已），而是因为大家很快就发现，新同学特别不合群，不爱跟人交流。新同学听别人说话就是给对方一个甜甜的微笑，但是从来不发表自己的意见，不像一般女孩子那样凑一起叽叽喳喳，下课了经常一个人躲操场上发呆。有些男孩鼓起勇气去打招呼，除了看清楚竹子在微笑时弯弯的眼睛和两个漂亮的小酒窝以外，一无所获。

这种场合照例是广播开始"广播"的时刻。"广播"大名叫胡一波，是一个个头不高、非常聪明的男孩。他最受同学们欢迎的一点是上知天文、下知地理，中间还知道种种学校的逸闻趣事，也不知道他从哪里打听来的，因此获封绰号"广播"，大伙都挺喜欢下课没事就听他这个小喇叭"广播"的。

大伙很快就知道了竹子的爸爸是位IT工程师，就职于某家跨国公司，这家大公司的分公司数量众多，因此竹子的爸爸四海为家，在多个国家搬来搬去。别看竹子年纪不大，可打生下来就去过五六个国家了，从上幼儿园起，学校就换得特别勤快，其中甘苦，只有竹子一家人知道了。后来她爸爸觉得这么漂泊很是对不住妻女，就申请换了个职位，收入减少了不少，但是终于可以不用满世界飘了。回国后全家一开始是在南方定居，后来因为业务需要，再次搬了家，竹子就转到蓓蕾小学来了。

检察官提示

我国目前中小学生转校的情况比较常见。学生转校经常会遇到一些问题，主要是面临适应新环境的压力，转学后需要建立新的同学关系、师生关系，还要适应新的教学方法。但是与此同时，**转校也是学习生活一个新的开始，在新的学校中可以感受到不同老师的教学习惯和不同班级的学习氛围，在此过程中取长补短，可以促使自己不断进步。**

在这里，我们建议转校的同学，要慢慢敞开心扉，逐渐开始与新同学接触，勇于在新面孔中展示自己的才能，重新建立正常和友好的人际关系，给新的同学留下好的印象，慢慢地跟同学打成一片，这样才能感到自己不再是个

"外来户",而是这个集体不可或缺的一员。不妨试着先从同桌开始,情感必须是要通过谈话来沟通的,不说话没人知道你在想什么,也没人了解你的个性。也可以通过观察,找一些性格开朗的同学,主动和他们接触,不要感觉自己孤单,要慢慢去融合,不要害怕,每天都要积极地去面对。

"难怪这姑娘不合群,也是,不管到哪里,还没跟同学们混熟呢,就又转校了,而且她这么多年这么多同学还不是一个国家的,啥肤色都有,黑的、白的、花的,能认清脸就挺不容易了。"小灵通感慨道。

门墩儿在旁边插嘴:"小灵通你净瞎说,这世界上有花皮肤的人吗?"小灵通嗤之以鼻:"你可真笨,难道你不知道白人和黑人结婚,生的宝宝是黑白花的吗?"门墩儿若有所悟地点点头,随即明白自己又被小灵通糊弄了,飞扑过来捶小灵通。"你又骗我,照你这说法,那奥巴马①不跟奶牛一个色儿了?"

---

① 奥巴马是美国历史上第一位黑人总统,他的父亲是黑人,母亲是白人。

第十二章
春游遇险

五月份春光明媚，正是百般红紫斗芳菲的好日子。本市一年四季分明，每年五月、十月是一年中难得的两个天气晴朗、气候宜人的月份。各所学校一般都会在五月和十月各组织一次春游和秋游，让平日里只能看到钢筋混凝土森林的学生们好好亲近下大自然。

　　经过了几次事件之后，小灵通和竹子慢慢熟悉了起来［具体经过请参看本系列丛书《失败的营救计划》］，竹子也渐渐地融入了这个班集体，身边多了几个经常一起叽叽喳喳的女孩子。不过，由于小灵通和竹子两个人是同桌，说话自然要比别的同学多一些，门墩儿当然也跟竹子逐渐熟悉了。虽然竹子话还是不多,不过不再是那种把自己封闭起来的感觉了。

这天,班长格格在黑板上写了一则通知:"本周末学校组织春游,要求全体同学准时参加。"这则通知引起了同学们的一片欢呼。

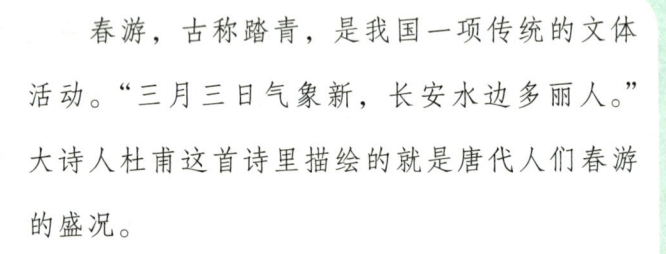

检察官提示

春游,古称踏青,是我国一项传统的文体活动。"三月三日气象新,长安水边多丽人。"大诗人杜甫这首诗里描绘的就是唐代人们春游的盛况。

春游不仅能够开阔心胸、陶冶情操,而且能增长见识、强身健体。置身于青山绿野之中,春风拂面、芳草如茵、阳光和煦、鸟鸣雀跃,处处充满生机,相信每一位同学都会顿感心旷神怡,精神焕发,倍添活力。特别是同学们长期埋头苦读,平时往往缺乏运动,此时走进大自然的怀抱中,呼吸到更多的新鲜空气,沐浴到更多的阳光,一定会觉得不虚此行。踏青时,

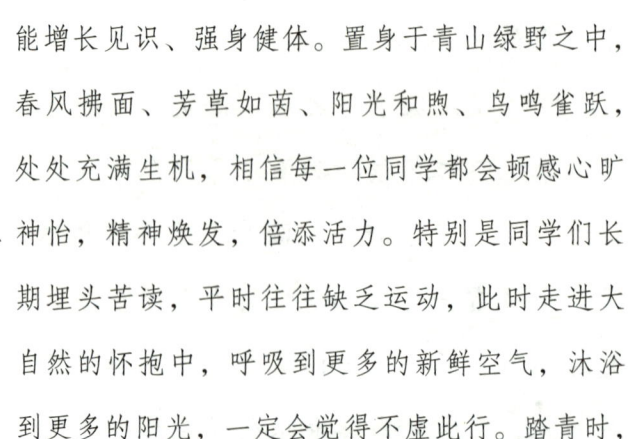

> 身体各部分的活动又会促进血液循环和新陈代谢，这对于增强体质、提高免疫力大有裨益。
>
> 总之，春游是一项非常有益身心健康的户外活动，希望小读者们能够在学校的组织下，尽情享受大自然的美妙。

周末很快到了，蓓蕾小学的学生们以年级为单位，由各班班主任领队，乘坐学校租来的大客车出发。大家穿着整齐干净的校服，一路上有说有笑，一个多小时的车程，不一会儿就到达了目的地。这次学校春游的目的地是市北郊的雁山山脚下，那里有一大片平坦的绿地，而且有大片大片的油菜花田。远远望去，像绿色的天鹅绒上点缀着黄色的美玉，加上早上这里刚刚下过一场大雨，空气非常清新，让人心旷神怡。

班主任老师向同学们强调了春游的纪律后活动开始，上午学校组织了一些趣味活动，大家都积极参与，在美丽的大自然中玩得非常尽兴。中午以班级为单位组织野餐，野餐后大家就自由活动了。

> **检察官提示**
>
> 春游是一件非常美好的事情，为了确保自身的安全，首先，小读者们要注意准备好舒适的服装，最好穿宽松的衣服或运动服，穿轻便的鞋如旅游鞋、球鞋等。其次，要备足食物、水，不要带易腐烂变质的食品，最好带有外包装的食品、凉白开或矿泉水。如果带水果，一定要洗干净。还要准备好常用药品，如创可贴、十滴水和晕车药等。最后，在春游过程中，要注意以小组为单位活动，不能擅自离开集体单独活动，有特殊情况应与老师或小组长打招呼，以免走散。

下午，小灵通、门墩儿和好多同学去爬山，因为早上下雨的缘故，山路有一点滑，而且草丛里的露水把鞋都打湿了。不过，这些难不倒活泼的孩子们，再说这里的山不算高，不一会儿他们就到了山顶，登高远眺，顿觉心胸开阔。

门墩儿高呼："祖国大好河山太美了！"小灵通白他一眼，说："你就不能有点文化色彩吗？"门墩儿说："我就是个粗人，梁山好汉不都没文化吗？不妨碍他们替天行道。"小灵通反唇相讥说："梁山里面有文化的海了去了，不信我跟你一一数来……"

俩人正斗嘴，只见梅老师也气喘吁吁地来到了山顶。她的体力明显比这帮顽皮孩子差远了，上了山顶就找了块干净石头坐下，问道："你们登山的没多少人啊，其他同学都哪儿去了？"有同学一指油菜花田那边，好多人都去那里观赏油菜花了。又有一个同学说，还有些人在格格的带领下，去山那边的河道里捡鹅卵石了，那里鹅卵石特别漂亮，有点像南京的雨花石。好几个女孩子不喜欢爬山，都跟着去那里了，河水特别浅，都没不过脚面。一个捡鹅卵石回来的同学附和说没错，唯一缺点就是河水有点浑浊，不清亮。

小灵通听到"河水有点浑浊"这几个字，猛然间想起了什么事情，脸色大变，跟门墩儿说："快！快跟我一起去把他们喊回来，那里危险！"梅老师被他吓了一跳，不由得站起身来想问个究竟，只见小灵通和门墩儿已经一溜烟跑远了，梅老师让剩下的同学赶紧跟上去，自己也追了过去。

　　不一会儿，小灵通和门墩儿就跑到了河道边，只见格格和好几个女同学，包括竹子，正光着脚丫在河水里兴高采烈地捡鹅卵石呢。格格兜里装得鼓鼓囊囊的，正拿自己帽子装呢，抬头一看小灵通向岸边跑来，心里莫名其妙，走过来看看小灵通怎么了。却看见小灵通气喘吁吁，一连声地催她赶紧把同学们都喊回来，这里危险。格格认识小灵通这么久了，还是头一次看到他这么焦急，也顾不得问他缘由，赶紧喊同学们都上岸来。

　　同学们三三两两地都回到了岸上，个个一脸莫名其妙，只有竹子捡得正高兴，磨磨蹭蹭地落在后面。这时突然从河道上游传来了轰隆隆的水声，大家抬头一看，脸上都露出了惊恐的神色，只见一股将近一米多的水浪从上游直冲下来。

竹子离岸边还有不到三米远，看到水浪，竟然吓得呆住了，手里的鹅卵石哗啦啦地掉了一地，却忘了挪动脚步。眼看疾驰的水浪离她连五十米都不到了，只见小灵通不知道哪里来的勇气，飞奔进河里，一把抓住她的手，生拉硬拽地把她拉上岸来。小灵通和竹子刚刚上岸，哗的一声水浪就从俩人身后奔涌过去。梅老师正好跑过来，看到这一惊心动魄的景象，腿一软瘫倒在地上，右手不断抚着胸口。在场的好多女孩子们都吓哭了，竹子更是哭得跟泪人一样。

事后，小灵通向梅老师和同学们解释了原因，山间清水变浑浊，这是山洪即将袭来的前兆。从季节气候上来讲，春季雨水颇多，野外山洪泛滥较为常见，对没有经验的春游人员人身安全构成极大的威胁。今天早上本市北郊就下了场大雨，特别容易造成山洪，而学校组织春游缺乏这方面的经验，还好这次没有造成任何后果。

  为什么小灵通会知道这些呢？因为这是叔叔当年亲身经历的教训。有一次，他和几位同事去某地执行任务，由于缺乏经验，在山溪水浑浊之时强行蹚水经过，结果遇上山洪暴发，弄了一个措手不及。他们都是身手敏捷，但是人的力量在大自然的面前实在是过于渺小，虽然没有造成任何伤亡，但是不得不绕路而行，差点儿导致任务失败。小灵通现在还记得叔叔讲述这段经历时沉痛的眼神，他把这个教训牢牢地记在了心里。

第十三章
"二货"本色

"哎呦"一声，小灵通的思绪从一年前回到了当下，原来是竹子掐了他胳膊肘一把。"想啥呢？你今天不对劲儿啊，刚才一直木呆呆的，不是穿越①了吧？"

小灵通不好意思地笑笑："哪能啊？"用手一指窗外，"瞧，咱教室外面草坪上的指示牌写着呢，'此处禁止穿越'。我哪儿敢呢？"

竹子忍住笑："甭贫，周五下午去不去我家？不去就算了啊。"

————————
① 穿越，本意是指穿越时空，近年来作为一种展开情节的特殊桥段而被广泛应用于文学创作方面，统称为"穿越小说"，有很多流行的书籍、影视作品均以穿越作为卖点。

春游事件后，小灵通和竹子成了非常要好的朋友。竹子的爸爸妈妈还请小灵通去家里做客，感谢他这个小"救命恩人"。竹子的爸爸妈妈都是读书人，喜欢孩子，小灵通又懂礼貌，相处得很融洽。

周五下午小灵通如约到了竹子家，她的爸爸妈妈都不在，只见竹子仔细地把门窗都关好，小灵通丈二和尚摸不着头脑，然后，竹子拿出了一把小提琴。

看到小提琴，小灵通释然了。原来这个寒假前，竹子就告诉他和门墩儿，自己要去学习小提琴，陶冶下情操。看来竹子是学出成果了，嗯，今天下午就欣赏美妙的音乐吧。

整个下午，小灵通都在悲愤与抓狂交织中煎熬，心想看电视上为了让坏人交代犯罪都要想尽办法，其实根本用不着那么费劲儿，让竹子在他们面前拉一下午小提琴，估计他们啥都招了……

正胡思乱想间，却见竹子微笑着又拉完了一曲，月牙般的双眼期待地看着他。小灵通言不由衷地鼓起掌来,"太美了,我从没听过这么完美的提琴曲!"

"嗯,还是勇凌你懂我,不愧是我的好朋友。我在家一练琴,我妈就说我根本不是学小提琴的材料。哼,她懂什么?这叫艺术。勇凌你真的喜欢?"

"当……当然喜……喜欢了,多……多好听啊。""那我再给你拉一首好不好?"小灵通心中分明传来破碎的声音……

晚上小灵通在竹子家吃的晚饭,听说小灵通听竹子拉了一下午的小提琴,竹子的爸爸妈妈一脸悲悯地看着小灵通,一个劲儿往他碗里夹菜。

一直到回家的路上,小灵通还在悲愤地想,竹子为什么不选择锯木头这个很有前途的业余爱好呢?

转眼又到了周四，早上小灵通正要出门上学，妈妈叫住他。"你上周去安雨竹家做客了是吧？"小灵通说："是啊。""来而不往非礼也，明天是周五，也请安雨竹来咱家做客吧。老妈我也好显显厨艺。"

小灵通一脸郁闷的表情："妈，您这厨艺好像不大靠谱吧？要不我也不至于到竹子家蹭了好多顿饭了，您还没回请。""切，士别三日当刮目相看，明晚你就瞧好吧。"妈妈一脸自信的神情。

第二天晚上，竹子应邀来小灵通家里做客，这还是竹子第一次来小灵通家里。一进门竹子吓了一跳——只见一只体格硕大、灰白皮毛相间的"狼"趴在客厅里。看到竹子犹犹豫豫、不敢进来的表情，小灵通笑道："来，竹子，我给你介绍下，这是我们家马小二。"

马小二是一只非常漂亮的哈士奇，堪称宠物犬中的高帅富，身材修长匀称，灰、白相间的皮毛光滑柔顺，两只眼睛是美丽的湖蓝色，而且性格非常温驯，与人很亲近。小灵通的同学来家里玩，一开始对这个样子长得酷似狼、体格庞大的家伙还有点害怕,结果混熟了之后都抱着马小二玩得火热。

马小二是小灵通上二年级时捡回来的。它当时被扔在小区门口,才出生没多久,眼睛还没睁开,趴在一个小小的废纸盒里面,身下胡乱垫了些棉絮,身上的毛脏兮兮的,都看不出毛色了,更看不出是什么品种。当时天色阴沉,小灵通生怕一场大雨后这条小奶狗就没了命,硬着头皮把它带回了家里。

妈妈对这个不速之客一脸阴沉,倒不是因为妈妈不喜欢狗,而是因为妈妈天性节俭,想到小狗长大后的各种支出,狗粮啊、治病啊,就有点肝儿颤。于是妈妈好几次威胁把小二扔出去,小灵通哭着舍身相护。其实妈妈心挺善良的,小灵通每天要上学,有的是机会扔了小二,不过妈妈咬了好几回牙,跺了好几回脚,仍然没能狠下心来。

看到妈妈的犹豫不决,爸爸跟妈妈说了一箩筐好话,说小灵通是独生子,从小到大也没个伴儿,挺孤单的,家里有个小狗做伴也不错;又说孩子喜欢小动物是好事,培养爱心;又说狗粮啥的不要紧,这条小狗一看就是只吉娃娃,长大了不到半尺长,一个拳头那么大,根本不费狗粮……

爸爸这回看走眼走得离谱,他对自己本职工作门儿清,对宠物的知识,那就是擀面杖吹火——一窍不通了,他根本分不清哈士奇和吉娃娃的区别,只是为了安慰妈妈信口开河而已。结果小二不到半年就长得跟狼一样大,每次妈妈看到小二狼吞虎咽地吃狗粮,转头看爸爸的眼神足以杀人,这时爸爸一般就会拿本书躲书房去……

好在小二仅仅是胃口比较好,从小到大没生过什么病,节省了不少开支。而且稍微长大一些,一看就知道是一条纯种的哈士奇,左邻右舍羡慕得不行。

小二这个名字,是爸爸给起的,一方面家里小灵通是老大;另一方面,小二的性格,的确"二"得让人心碎。比如一般人家养宠物狗,都会训练给家人叼个拖鞋。特别是小灵通家房子面积小,打开门就是客厅,妈妈嫌鞋柜放客厅里面有味道,就把鞋柜放阳台了。这样一来,鞋柜和正门离得有点远,去拿拖鞋不太方便,正好训练小二叼拖鞋给家人。

问题是小二的训练出成绩倒挺快,不到三天就会叼了,一听见门响,立马叼起拖鞋守候在门前——唯一缺点是每次只叼来一只拖鞋,另一只就不管了,大家还得单腿蹦着自己去找,这样一来还不如不叼。小二这个毛病到现在也没改过来,于是马家三口人每天回家蹦着找拖鞋成为一道独特的风景线。

小二"二"的另一个表现是曾经淘气得出奇,它长大后有天妈妈回家还以为进了贼,一片狼藉。仔细一看,还好损失不大,只是小二把妈妈积攒起来要卖废品的废纸箱都咬了个粉碎,扔得一屋子都是,妈妈花了好几天才收拾干净。还有一回,用妈妈话说"是可忍,孰不可忍",小二不知怎么居然弄开了衣柜，咬坏了妈妈几件压箱底的衣服，气得妈妈抄起扫帚追得小二满屋子乱窜。

小灵通上前劝阻，妈妈泪水涟涟地说："这是我最心爱的连衣裙啊，很贵的，当年和你爸爸第一次约会，我就穿的这件。"结果爸爸在旁边不识时务地来了一句，"无所谓，反正你现在也穿不下了……"于是小二免受皮肉之苦，爸爸在客厅睡了好几天……

后来，叔叔有天来玩，听说小二的调皮，哈哈一笑："你俩真是没经验，哈士奇天生淘气，闲不住，不过解决问题很简单，'咔嚓'一下，整个世界就清静了。"于是，小二泪流满面（如果狗也会流泪的话）地去做了绝育手术。中间妈妈还嘀咕，早知道做个绝育手术也这么贵，还不如自己动手了……

做完手术的小二果然温驯了许多，不过偶尔还是会惹麻烦。妈妈以前出去遛小二不系狗绳，结果有一回它看到邻居家小妹妹吃冰激凌，直接飞奔过

第十三章 "二货"本色

去一嘴把冰激凌抢走了,吓得人家孩子放声大哭,妈妈为此还赔了一笔钱。一贯性格温和的爸爸也严肃批评了妈妈,妈妈更是心疼得五内俱焚,作为惩罚或者报复,小二被关了一个月禁闭。

检察官提示

狗是人类忠实的朋友,它们活泼可爱,给主人带来很多愉悦。但是如果不对宠物狗加以约束和管理,就会给周围的邻居和居住的小区环境带来不良影响。如果小读者们家里饲养宠物狗的话,记得做到以下几点才是文明的饲养者哦。

第一,出门遛狗必须拴好狗绳,不仅可以避免狗走失、被盗、打斗、中毒、车祸等种种悲剧,对怕狗的路人也是一种保护。

第二,在小区内遛狗,记得及时清理粪便。

第三,在小区内遛狗,应当注意避免践踏草坪,避免在上下班高峰遛狗。

第四，对自己的宠物狗进行训练，培养出门随行、保持安静的好习惯，最大程度地减少对邻居的打搅。

第五，善始善终，既然选择饲养宠物，就不要随意遗弃。宠物狗可能只是主人生活的一部分，而主人却是它短暂的生命中全部的希望。

第六，依法注册，根据自己所在城市的养犬管理规定为自己的爱犬注册，按时注射质量可靠的疫苗。

第十四章
"风云动物"

"这么大的狗，居然这么温驯啊？"竹子感叹道。小灵通说："放心，这家伙乖得很，长这么大没咬过任何人，不过竹子你兜里要是有零食的话，可千万藏好啊。小二，去，给小姐姐叼拖鞋来。"

小灵通话刚说出口就后悔了，难道让客人在家蹦着找另一只拖鞋？结果小二这回不知道发了哪门子神经，居然跑了两趟，给竹子叼来了两只拖鞋，给小灵通的仍然还是一只。看着小灵通单腿蹦着去找拖鞋，竹子忍俊不禁，小灵通说："你去抱抱它吧，溜光水滑，手感可好了。哎，我那只拖鞋放哪儿了？"

小灵通找到另一只拖鞋走回来，看到竹子用手抚摸着小二脑袋和后脊背，小二嘴里哼哼着，一脸陶醉的表情。竹子说："你家狗可真有意思。"小灵通回答："那是，它还见义勇为过一回呢。"看着竹子瞪得圆圆的眼睛，小灵通向她说了事情的来龙去脉。

　　自上次冰激凌事件发生后，一家人达成共识，第一是出去遛小二，必须拴好狗绳，这是城市文明养狗的基本要求，考虑到小二不喜欢吠叫，就不给它套嘴笼了。第二是这惹祸精做完手术后虽然不调皮了，却多了个贪吃的毛病，注意不要把它往有食物的地方牵，否则这位一激动，主人手里狗绳能不能牵得住还得两说。毕竟哈士奇属于大中型犬，力气大，无论是妈妈还是小灵通都没有把握一定牵住。爸爸力气没问题，不过爸爸经常加班，在家也经常忙着看书、找资料、写东西，遛小二这个光荣的使命，爸爸是无福消受了。

　　那天晚上，小灵通拴好狗绳，雄赳赳气昂昂地牵着小二去小区中心的小花园附近遛狗,为什么这么神气呢?因为小二的确长得非常帅气,小区一群宠物狗在小二面前都自惭形秽,每次出门,邻居们都纷纷向它行注目礼,回头率比许多电影明星高多了。

走到小花园,小灵通挽紧了狗绳,牵着小二逛来逛去,今天作业不多,就多逛会儿吧。小花园现在人挺多,几位老人,看年纪应该是奶奶或者外婆,一边用婴儿车推着自己的孙子孙女遛弯,一边聊天。

突然,花坛附近有两个人发生了激烈的争执,俩人越争执越激动,脸红脖子粗,其中一个人还挽起袖子,上前一步就要动手。这时只听呼啦一声,周围散步的邻居们纷纷围了上来,有七嘴八舌劝俩人以和为贵的,也有不少看热闹的,围得里三层外三层。

问题是,好几位老人都推着婴儿车照看孩子呢,一瞧热闹,哗一下撇下婴儿车就去围观了。有小读者问怎么不推着车去围观？因为推着车的话，不好挤进去占位置啊。

小灵通对围观不感兴趣，继续牵着小二慢慢溜达，不过听到开战的那二位都是外地口音，他脚步停了一下。因为这个小区是个有年头的老小区，左邻右舍都是本地人，虽说有外地人来这里做客，不过两个素不相识的外地客人吵起来，未免太巧合了吧。小灵通不由得往人堆里望了一眼，看到的情况让他倒吸一口冷气。

只见两个人吵得口水横飞，嘴里骂的污言秽语花样翻新，身边一群人的注意力都被他俩吸引住了，当然也包括几个撇下婴儿车的老人。只见这时一个人鬼鬼祟祟地不知从哪里冒出来，走到那几辆婴儿车边，抱起一个孩子扭头就走。

检察官提示

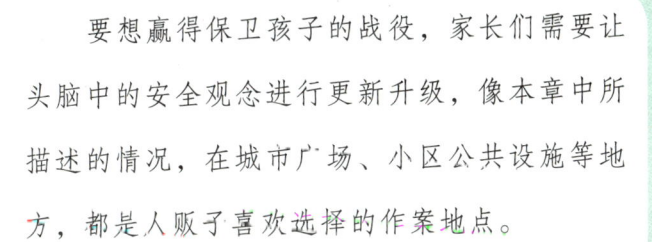

要想赢得保卫孩子的战役，家长们需要让头脑中的安全观念进行更新升级，像本章中所描述的情况，在城市广场、小区公共设施等地方，都是人贩子喜欢选择的作案地点。

可以说，犯罪分子能直接把孩子抱走，根源在于家长的防范意识淡薄。要防止此类事件的发生，家长首先头脑中要紧绷着一根弦，当孩子在外面的时候，就要在头脑中有防范意识，尤其要注意以下几点：

第一，家长一定要看紧孩子。在任何情况下，记住是任何情况下，不要让孩子离开家长视线范围。如果哪位家长连这点都做不到，还是不要带孩子出门为好，至少家里比较安全。特别是带孩子外出到一个陌生环境的时候要加倍小心。

第二，如果在外面有事情要处理，应确保自己做事情时，可以很方便地兼顾孩子，不给犯罪分子以可乘之机。

> 第三，要提高警惕。拐卖儿童的犯罪分子多是团伙作案，分工协作，易于得手。如果附近出现几个陌生人时，家长要特别提高警惕，多加防范。

糟了，碰上人贩子了。小灵通的大脑飞速运转，马上弄明白了这是怎么一回事：几个人贩子分工，其中两个假装吵架吸引大家注意力，另一个趁孩子家长松懈之机对孩子伸出魔爪。小灵通几乎大声喊出来。

抱走孩子的人贩子这时也看到了小灵通，不由一愣，他没想到还有没去围观吵架的人。不过一看小灵通只是个孩子，他狠狠瞪了小灵通一眼，抱着孩子加速逃走，这时怀里的孩子嘴一咧要哭，他早有准备，从兜里掏出一根棒棒糖，正要塞到孩子嘴里。突然，他听到身后一声低吼，回头一看，一只体形硕大、两眼湖蓝色的大狗向他扑来。

这当然就是我们的小二了，小灵通毕竟是个孩子，被人贩子恶狠狠一瞪，多少有些害怕，一声就没喊出来，等想再喊时，人贩子已经到了小区出口附近，恐怕再追就来不及了。这时只听小二一声低吼，挣脱了狗绳（小灵通被人贩子瞪得手也一松），一道灰色的闪电向人贩子扑去。

人贩子乍一看到小二，吓得魂飞天外，本来他就做贼心虚，冷不丁看见这么大一只狗凶神恶煞地向他扑过来，腿一软就坐倒在地，嘴里发出一声惨叫："啊……"

一群围观吵架的邻居也被这声惨叫给吓了一跳，回头一看，发现孙子丢了的那位老人立马大喊一声"还我孙子"，向人贩子跑过去。醒过味来的邻居们马上把这信人贩子控制住，一群人有打110的，有指着人贩子鼻子破口大骂的，有义正词严教导人贩子的，还有趁乱踢人贩子几脚的，场面一片混乱。

不过在混乱的人群中，小二可是出尽了风头，今天要不是它"见义勇为"，那孩子可就危险了，孩子的奶奶感动得抱着小二直哭。只有小灵通才真正明白小二为啥"见义勇为",这并不是因为它思想境界高,是条脱离了低级趣味的宠物狗,仅仅是因为它看上人贩子手里那根棒棒糖了。这不,战利品正在小二嘴里叼着,吃得津津有味呢。

　　小二成了今晚小区的"风云动物",连赶来的警察叔叔也啧啧称赞,说这么有灵性、富有正义感的狗还是头一回见到,看来显然是主人教导有方。小灵通犹豫了一番,还是把真相咽到了肚子里。

第十五章
都是盗版惹的祸

竹子听完了小二"见义勇为"的先进事迹,对它更增好感,也明白这条狗确实脾气好,索性骑到了小二背上,小二也不反抗。

小灵通心说竹子这么做也太不淑女了,看来她确实不把自己当外人。又想小二确实跟人亲近,自己差点儿被女贼绑架那回,当时小二从阳台上冲出来,女贼本来被它吓得一哆嗦,不过小二只是好奇地看了女贼几眼,就又回到阳台上晒它的太阳去了,小灵通鼻子差点儿没给气歪了。不过这真怨不得小二,哈士奇有着西伯利亚雪橇犬的血统,基因决定了它天生跟人亲近,已有很多报道说哈士奇没法履行看家护院的职责,因为它和人类亲密,即使是小偷也来者不拒。

俩人正说笑着,妈妈从厨房出来,竹子立即从小二背上下来,问阿姨好。妈妈热情地打招呼,说:"你俩先玩着,我有点事出去一下",说着脸上居然一红。

趁竹子跟小二继续培养感情,小灵通偷偷溜进了厨房,看到被妈妈倒在垃圾桶里面的一团黑乎乎、不知道是啥的东西,小灵通叹口气,知道妈妈又把菜做坏了。

妈妈哪里都好,就是不大会做菜,门墩儿来小灵通家里蹭过几顿饭,结论是小灵通能长这么大不容易,简直是靠光合作用长大的。当初,妈妈和爸爸新婚,妈妈挖空心思按照菜谱做了份炭烧里脊,想给刚刚忙完一个大案子的爸爸补补身体。结果爸爸说这道菜炭挺不错的,里脊哪去了?——里脊都被妈妈烧成一团黑乎乎的炭了。于是,爸爸又睡了一个星期的沙发……

爸爸最惨的还不是这回。小灵通上三年级的时候,有天回到家里闻到香气扑鼻,爸爸回家也直流口水,只见妈妈在厨房忙忙碌碌,说今天做了道好菜,给你们爷俩好好打打牙祭。

开饭了,饭桌中央是满满的一大盆肉香四溢的红烧肘子,爸爸说:"夫人这道菜可不好做啊",妈妈说:"那是,我忙了一下午呢",一边说一边夹了一大块放进小灵通碗里。小灵通一声欢呼,夹起来就塞嘴里,妈妈说吃慢点,多着呢。却只见小灵通的表情越来越奇怪,一块肉在嘴里嚼来嚼去,就是不往肚里咽。

爸爸心中纳闷,也夹了一块放嘴里,眼睛瞬间瞪得溜圆,"夫人啊,你这放了起码半斤盐吧?齁死了"。妈妈说:"你净瞎说,我分明才放了四两。"

小灵通一边接茬说:"妈,应该是四克才对

吧？四两太多了，咸得我一会儿都快变蝙蝠①了。"妈妈说："我是按买来的菜谱做的啊，没错，就是四两。"

爸爸说："这花椒、大料之类的香料也放得太多了，嘴都麻了，味道怪怪的，起码每样放了半斤。"妈妈说："你又瞎说，我还是每样放的四两，菜谱上写的，不信我拿给你们看。"

书一拿来，爸爸就明白了，敢情这是本盗版书，好多错别字呢，妈妈拿这本书照葫芦画瓢，能做出好吃的菜才奇怪了。那么妈妈为什么不买正版书呢？因为盗版的便宜啊。

---

① 中国民间传说，蝙蝠是老鼠吃多了盐变的。这里形容妈妈做菜盐放太多了。

第十五章　都是盗版惹的祸

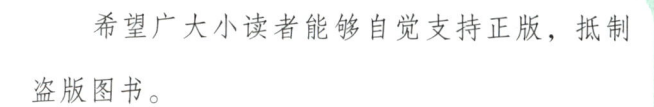

检察官提示

希望广大小读者能够自觉支持正版，抵制盗版图书。

下面介绍一些对盗版书的鉴别方法，希望各位小读者能够借鉴一下：

第一，从印刷质量来说，低端盗版图书总体印刷质量较差，容易辨别。表现在：用纸较差（纸质偏薄、发黄或发灰），墨色不匀，色相偏差，套印不准，图像模糊不清，图文边缘往往有胶带痕迹或拼版痕迹，装订质量较差（有很多漏行、错页等质量问题），而且文字和标点符号差错较多，病句连篇。

第二，辨别盗版图书，更准确的方法是查看图书的版权页。正版书的版权页必须包括图书在版编目数据、出版单位名称及地址、图书开本、版次、字数、书号、定价等内容。还可以查看国际标准书号以及条形码标志是否完备和清晰，必要时可以向正版书的出版社咨询。

第三，从价格角度看，正版图书都是经有关

> **部门统一定价的。**所以正版书商的进货折扣比较高。因此，消费者对于一些价格超低的图书，一定要询问清楚再购买，莫贪便宜。而且最好能够选择规模比较大、信用比较好的书店购买，因为这些书店一般都有正规的进货渠道。

明白自己又把菜做坏了，妈妈讪讪地很不好意思，这可是两只上好的肘子呢，就这么扔了多心疼啊。想到这里，妈妈马上换了副笑脸，温柔地说："勇凌啊……"小灵通"噌"的一下站起身来，"妈妈，老师今天留了不少作业，我先去写作业了"。

小灵通飞一般地跑回自己卧室，心想自己可真是个小机灵鬼儿啊，身后留下了爸爸绝望的目光。只见妈妈笑眯眯地转向爸爸："好老公……"

过了半晌，小灵通偷偷溜出卧室查看情况。妈妈哼着小曲在厨房刷碗呢，爸爸抱着肚子躺沙发上，那表情，小灵通实在不忍心看了，上前问："爸爸你没事吧？"

第十五章 都是盗版惹的祸

爸爸哼哼唧唧地说:"没事没事,难吃是难吃了点,但是肘子本身不错,节约是一种美德……"小灵通心说老爸您就甭嘴硬了。

"哎,快看新闻,这就是卖我盗版菜谱那家伙,今天被抓了。活该,叫他坑人。"妈妈不知什么时候走进客厅,指着电视兴高采烈地说。

爸爸有气无力地望了电视一眼,说:"我现在真想找到这家伙,把他绑了。"小灵通说:"那可不成,打人犯法。"爸爸白了他一眼:"谁说我要揍他了?我要把他绑到咱们家里来,让他把你妈做的那肘子全吃完。"

第十六章

惨剧

小灵通和竹子一起在客厅逗小二玩，门一响，妈妈回来了，手里拎着不少熟食。妈妈装作没看见竹子疑惑的目光，一边走进厨房，一边嘱咐小灵通："把小二关阳台去，喂它狗粮，咱们马上开饭。你爸今晚加班，不回来了。"

　　竹子看着妈妈手里的熟食，一脸困惑，张了张嘴，没好意思问。小灵通心说可不是，哪有客人来家里做客，主人全从外面买东西来招待的道理？

　　不过，妈妈买来的东西还是很丰盛的，冷热荤素一应俱全，虽然感觉有点怪怪的。妈妈非常热情地给竹子夹菜，说："别看是外面买的熟食，可都是本市老字号红光食品厂的东西，比你阿姨手艺好多了。可惜听说这个厂近来换了厂长，东西质量比以前差了不少，竹子你别客气啊。"不一会儿，竹子面前碟子里面各种菜都堆成了小山。

竹子是女孩子，吃不了多少东西，边吃边跟妈妈和小灵通聊天，吃得也很高兴。妈妈性格直爽，很容易相处，不一会儿，竹子和妈妈就彼此熟悉了。

吃完了饭，竹子抢着去厨房刷碗，妈妈哪里肯让。争执了半天，还是妈妈去刷碗，小灵通陪竹子在客厅看动画片。俩人正看着，突然看到妈妈风一般冲出了厨房，奔进了卫生间。小灵通心说老妈啊，家里有客人呢，不用这么急急火火吧？

突然，小灵通看见竹子脸色也变得通红，神色扭扭捏捏的，眼睛不断往小灵通家卫生间望。小灵通明白竹子有些内急，心说女孩子脸皮薄，等妈妈出来，就请她去吧。正想着，自己肚子也咕噜咕噜叫起来，一阵翻肠搅肚般的疼痛。

于是，接下来不到二十分钟的时间里，三人如走马灯一般轮番用着家里的卫生间,几趟下来,肚子疼得要命,腿都软了。妈妈意识到这顿饭肯定有问题,拿个塑料袋装了点剩菜,说:"赶紧的,我开车去医院。"

检察官提示

食物中毒是指摄入了含有有毒有害物质的食品后出现的急性疾病,这是一类经常发生的疾病,会对人体健康和生命安全造成严重损害。各位小读者们正处于身体生长发育阶段,因此,预防食物中毒,保证健康成长至关重要。

那么,怎样预防食物中毒呢?

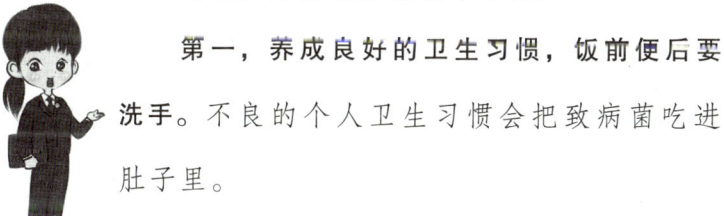

第一,养成良好的卫生习惯,饭前便后要洗手。不良的个人卫生习惯会把致病菌吃进肚子里。

第二,选择新鲜和安全的食品。购买食品时,要注意查看其是否有腐败变质的情况。尤其是小食品,要查看其生产日期、保质期,是否有厂名、厂址等标识，不能买过期食品和"三无"（无生产日期、无质量合格证以及无生产厂家）产品。

第三，食品在食用前要彻底清洗。尤其是生吃蔬菜瓜果要清洗干净，需加热的食物要加热彻底。

第四，尽量不吃剩饭菜。如需食用，应彻底加热。

第五，不到没有卫生许可证的小摊贩处购买食物。

只要从以上几个方面入手，认真学习食品卫生知识，掌握一些预防方法，提高自我卫生意识，就能最大限度减少食物中毒的风险。

爸爸妈妈两年前买了辆汽车，不过用得很少，因为汽油贵啊。爸爸单位有班车，妈妈单位离得近也用不上，这辆车主要用来周末一家人去市郊旅游，或者去外公外婆家探亲，两年下来才跑了六千公里。不过今天这车可派上大用场了。

把两个捂着肚子哼哼唧唧的孩子拽上后座，妈妈一脚油门就奔医院去了。一路上小灵通还不忘嘱咐妈妈，千万别再把车开到高速公路上。妈妈瞪了他一眼没说话。

到了医院，迅速挂了急诊，中间小灵通和竹子又各去了两次卫生间。医生一看就知道是急性食物中毒，把妈妈带来的剩菜拿去化验，果然是被细菌污染了，于是给三个人都挂了点滴。点滴果然见效快，三个人腹泻都止住了，就是浑身都没有力气。

护士一边照顾他们三个一边跟妈妈闲聊，说："你们三个不会是吃了红光食品厂的熟食吧？这几天来了好几拨病人，都是吃了这个厂的熟食拉肚子。"妈妈一听，说："这可不成，我下周一得找食药监局投诉去，这不是害人吗？"

第十七章 竹子的高光时刻

妈妈折腾了半天,早就累得半死,看看急诊室里面也没别人,自己拎着吊瓶去了一个比较舒服的角落,不一会儿就睡熟了。小灵通心说妈妈你把俩孩子就这么扔一边儿?那胸怀可比天安门广场宽广多了。不过还好,有事的话有护士阿姨呢。俩孩子都不困,于是俩人小声聊了起来。

〔小灵通和竹子这次聊天的内容,请参看本系列丛书《失败的营救计划》〕

这时,急救室里面突然响起了手机铃声,在空旷的急救室里显得那么刺耳,妈妈猛然惊醒,一把抄起手机,"好家伙,我正做梦梦到午夜凶铃呢,这手机可真配合,吓死我了"。

妈妈接通了电话,"喂,您好。请问是哪位?哎,没错,我是马勇凌的家长,什么?竹子?哦哦,她在我身边……"

放下电话,小灵通注意到妈妈脸有点红,忙问怎么了?妈妈有点不好意思地回答,是竹子妈妈赵阿姨打来的电话,今晚竹子来小灵通家做客,她当然是知道的,不过这么晚了竹子还没回家,把她给急坏了,给竹子打电话却关机了(竹子赶紧拿出自己手机,吐了吐舌头,原来是电池没电关机了,刚才一阵忙乱也没注意到),手里又没有小灵通和小灵通家里的联系方式,急得她差一点要报警。

小灵通心说那可不是,人家孩子出来半个晚上都没回家,家长能不着急吗?搞不好警察叔叔该把妈妈带走协助调查了。"对了,赵阿姨没报警吧?她怎么找到您手机号的?"

妈妈瞪了小灵通一眼(小灵通心说你瞪我干吗),"这次还麻烦你们班主任了,人家赵阿姨给她打了电话,要来了我的手机号。这大晚上家长来电话,把梅老师也吓得不轻。不过呢,其实这事主要怨我,我安顿好你们,挂上吊瓶,应该及时通知人家赵阿姨的。唉,妈妈偶尔也会犯马大哈的毛病啊"。

> **检察官提示**
>
> 实践中,经常出现未成年人暂时离开自己父母监护的情形,其中,去同学家玩,或者和同学们一起出去玩是较为常见的原因,这也是同学们日常交往、发展人际关系的正常需要。不过需要提醒各位家长注意的是,如果您收留孩子的未成年同学在家住宿的话,应当事先征得他父母的同意,或者及时(不得超过24小时)通知他父母,或者是其他监护人、所就读的学校。
>
> 本章中,小灵通妈妈应当及时通知竹子的家长,虽然并未超过24小时的时限,没有违反法律规定,但是让对方家长如此着急,显然是不合适的。

小灵通正想说妈妈深刻领会了批评与自我批评的精神，话到嘴边，看了一眼妈妈犀利的眼神，小灵通把话咽到肚里，转头跟竹子接着聊天去了。竹子目睹这一切，终于明白小灵通为什么偶尔会脑袋短路了。

没过多一会儿，赵阿姨急火火地赶到了医院，一看竹子没啥问题，一颗心放到了肚子里面，转过头来感谢妈妈对竹子的照顾，至于妈妈忘了通知她的事，出于礼貌就无视了。妈妈客气了几句，抬头看点滴还有一段时间才能打完，就和赵阿姨闲聊起来，话题自然围绕着两个孩子的学习和生活。

说了一会儿，话题不知道怎么转到两个孩子小时候的事情上。只听赵阿姨说，竹子这孩子从小就懂事，跟着他爸爸满世界跑，比一般孩子早熟不少，小时候还救过他们两口子一命呢。小灵通不大相信地看着竹子，心想这小姑娘看起来不起眼，莫

第十七章 竹子的高光时刻

非有功夫在身，小时候就能勇斗歹徒了？

原来竹子九岁那年，为了她上学方便（竹子幼儿园和小学低年级都是在国外上的），虽然安叔叔依旧满世界跑，但是赵阿姨带着她在国内定居下来，等待安叔叔申请调换职位得到批准。当时，竹子在广州的一所小学读书，广州一年四季高温潮湿，每天冲个热水澡是必备功课。那天，安叔叔从国外回来，看到久别的妻女，非常高兴。晚上睡觉前安叔叔和赵阿姨一起去洗了热水澡，只是两个人洗了半天也没有出来。

竹子非常聪明，从浴室门缝里面闻到了浓浓的煤气味，立刻跑到厨房切断了煤气管道，抄起一把拖布跑到外面砸碎了浴室的窗户，瞬间一大股煤气味跑了出来。接下来竹子立即拨打了120急救电话，然后敲响邻居家门呼救，热心的邻居们过来帮忙砸开浴室门，对晕倒的爸爸妈妈进行了初步的急救，这才顺利地挽救了他们的生命。

检察官提示

在我国，寒冷的冬季往往是煤气中毒的高发季节。煤气中毒即一氧化碳中毒，发生原因主要有在密闭居室内使用煤炉取暖、做饭；浴室燃气热水器安装不合理；烧煮时火焰被熄灭，煤气大量溢出；管道漏气、开关不紧等。

我们应在日常生活中有针对性地加以防范，除了经常开门窗保持良好通风外，还要定期检查煤气设备和通风管道是否安全有效，要及时更换，以避免出现生命危险和财产损失。

一旦发生煤气中毒，应该迅速将患者移离中毒现场，注意保暖并密切观察。必要时可以进行心肺复苏，同时拨打120急救电话，送医院进行治疗。

小灵通听完，冲竹子直竖大拇指，"厉害！"妈妈也点头，"这么小的孩子遇事就这么沉着冷静，真是难能可贵，比我们家勇凌强多了"。（小灵通心说我这回是躺着也中枪了）倒是竹子不太适应自己被别人夸奖，羞红了脸，低头捏弄着自己的衣角。

第十八章
摊上大事的广播

时光飞逝，一转眼到了学期期末，再开学就是六年级了，还有一年多的时间，这些孩子们将步入人生的一个新阶段——初中，离长大成人的目标更近了一步。按道理说这时候同学们都忙着迎接期末考试，各个班级不会再出什么幺蛾子了，结果小灵通他们班还是出了件大事。

　　这天早自习，小灵通扶着门墩儿走进教室（门墩儿的腿受了伤，还没痊愈，走不了远路，每天早上小灵通都去找他一起上学，路上不好走的地方搀扶他一把），走到自己座位上正打算安安静静地看书，意外发现班级空了两个座位。一个是格格的，这段时间她家里有事，请假挺频繁，梅老师虽很同情她的遭遇，却也无能为力，只能尽量开导、安慰她。另一个，却是广播的。

［门墩儿和格格这段时间发生的故事，请参看本系列丛书《失败的营救计划》］

广播这家伙特活泼，很难想象一个活的广播站会是一副郁郁寡欢的样子。每天早自习广播几乎总是第一个到，还特别热心，经常帮着当天的值日生打扫卫生。而且这家伙别看长得个子不高，干瘦干瘦的，但是身体特别好，胃口好，能吃还不长肉。都上到五年级了，他还没请过一次病假。可是今天早自习铃声都打了，他居然还没露面。小灵通给他打手机，却发现他关机了。

一会儿，梅老师来教室巡视，小灵通跟她说了广播的事，梅老师也挺惊讶，因为她没收到广播或者家长请假的电话。经过几年的朝夕相处，她非常了解自己班级每一个孩子的个性，当然知道广播不会无缘无故旷课。于是梅老师立刻给广播家长打了个电话，结果让双方都大吃一惊。广播家长说早上儿子跟平常一样的时间去上学了，没有任何反常迹象。问题是广播家离学校步行不过十五分钟而已，依他出门的时间，爬也该爬到了。那么唯一的解释就是：广播出事了。

梅老师立即打电话报了警，结果刚放下电话，一辆警车就到了学校门口，梅老师心说现在警察办事效率真高。

其实，这回倒不是警察叔叔们行动效率高，原来就在刚才，学校附近马路边一个商店早上开门，售货员意外地发现路边有个书包。售货员心里琢磨这事挺新鲜，要说路边丢了些别的东西都正常，唯独这书包是学生每天上课必备的东西，而且里面装满了各种书和文具，死沉死沉的，没听说过哪个学生走在路上，书包掉了都没发觉的。

恰好最近几天这条马路边的所有商铺门口都按照公安机关的要求装了摄像头，二十四小时不间断摄像。于是，售货员将书包捡起来，调出自己店的监控录像来看到底是怎么回事，不看还好，一看售货员吓得摔了个跟头,立刻打电话报警。

警察叔叔带着这段监控录像来到蓓蕾小学,在校长办公室电脑上打开,大家看得清清楚楚,只见一个男孩子走在路上,这条路有点偏僻,这个时间没有其他人在路上。突然一辆车开到男孩身边停下,车上下来一个人,一把把男孩拖到车上,男孩挣扎过程中,把自己书包扔到了地上。"天!绑架案哪!"不知是哪位老师惊呼了一声。

光看男孩身上的校服,那个售货员就知道这是蓓蕾小学的学生了,再说书包里面每本书书皮上都工工整整地写着"蓓蕾小学五年级二班胡一波"呢。于是,警察叔叔风驰电掣地赶来蓓蕾小学调查,正好这时梅老师也打电话报了警。

小灵通和几个同学也在校长办公室里,他们是来帮助确认被绑架男孩的身份的,结果他们一眼就认出来这是广播,因为他那喜欢缩着脖子,走路上半身略微前倾的架势,一般人学不来。

消息传开,好多同学都为广播的安全担心,

结果不到中午就传来好消息，广播被顺利解救，这时广播父母甚至还没接到任何勒索电话或者短信呢。

其实，这个案子破案难度一点儿也不大，犯罪嫌疑人可能并不知道这段马路旁边已经安装了大量摄像头，因此未遮挡作案汽车的车牌号。那段监控录像很清晰，车牌号看得清清楚楚，确认了被绑架人的身份后，警察用了不到两个小时就破了案，广播甚至还来得及到学校吃午饭。

不过，在这个案子当中，广播的机智起了决定性的作用。一方面，在被劫持时，他趁乱丢下了自己的书包，既指明了案件发生的地点，也可以引起他人警觉，节省了警察大量的前期侦查工作时间，警察早一分钟破案，自己的安全就多一分保障。想象一下，如果没有那个书包，梅老师又不是那么有责任心的话，可能到晚上大家才会发现广播失踪了，警察再去调阅他上学沿途的监控录像，起码要多花上一整天时间才能破案。整整一天时间，会发生什么事情就难说了。

另一方面，广播非常懂得与绑匪周旋。绑匪将他眼睛蒙住，手脚捆绑起来，带到一间屋子里面，逼问他父母的联系方式。他非常机智地回答："我爸妈是卖冰棍的，家里没钱，不信你联系他们就是了。"这样一来，俩绑匪也抓了狂，因为这俩家伙就是想绑架个学生向家长索要赎金，问题是同学们每天都穿同样的校服上学，从打扮上根本看不出学生家里的经济状况，俩绑匪只好随机绑了一个，没想到出师不利（其实广播爸爸是个公司老板，家里特别有钱）。这样就很好地起到了扰乱绑匪计划的作用，为警察的顺利解救创造了条件。警察抓住绑匪时，这俩家伙还没琢磨好下一步该怎么办呢。

检察官提示

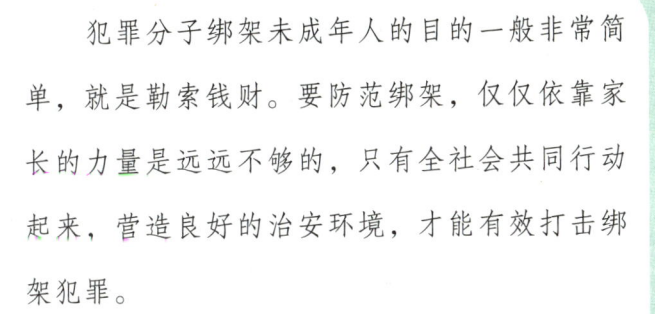

犯罪分子绑架未成年人的目的一般非常简单，就是勒索钱财。要防范绑架，仅仅依靠家长的力量是远远不够的，只有全社会共同行动起来，营造良好的治安环境，才能有效打击绑架犯罪。

一方面，社会治安综合治理必须到位。首先，学校要承担相当一部分责任。要落实老师严查学生出勤制度，一旦缺课，要立即联系家长。本章中，正是因为班主任老师非常负责任，发现本班学生旷课后立即和家长取得联系，才发现了学生失踪的事实，为警察解救学生提供了有效的帮助。

其次，警方也要承担起自己的责任。要加强民警、巡防员在学校附近的巡查，震慑不法分子，确保学生安全。同时，也要将校园周边治安环境的整治和严厉打击侵害学生违法犯罪作为行动重点，提高校园周边的出警率和安全系数。

另一方面，万一未成年人不幸遇到了绑架事件，一定要学会正确的应对方法，避免撕票惨剧的发生。家长接到绑匪勒索电话后，千万不要慌张，手足无措，要沉着冷静地同绑匪周旋，抓紧时间报警。另外要注意，一定提一个要求，就是要听到孩子的声音，确保孩子处于安全状态。

同时，小读者们千万要记住，一旦遇到绑架，必须同绑匪合作，保证自己的生命安全是第一位的，抓罪犯是警察和家长的事情，并且不要轻易尝试逃跑。如果是熟人绑架，要装作不认识，千万不能说"我认识你"之类的话。总之，**要不慌、不喊、不动，等待救援，切忌过度挣扎和哭闹，这样才能最大程度地保障自己的生命安全。**

第十九章
放暑假了

广播被顺利解救，第二天就来上课了，该听课听课，该复习复习，吃得香，睡得着，好像啥事都没发生一样。

有小读者说，完了，这孩子给生生地吓傻了。其实，要说一般孩子确实有可能，但是广播可不一般。用警察叔叔的话评价，这孩子心理素质不是一般的好，而且别的孩子还没法仿效，天生的。一般孩子要是碰到这种被绑架的场合，解救出来时都哭得昏天黑地，哭背过气的都有不少。唯独广播被警察叔叔解开束缚后，还敬了个标准的少先队礼，说叔叔们辛苦了，惊讶得一屋子见过无数大场面的刑警目瞪口呆。

后来，暑假前的期末考试成绩一公布，广播果然没有受到任何影响，成绩稳如泰山：班级第二——从二年级起，这个名次就一直是他的。

"人比人，气死人哪。"门墩儿偷偷跟小灵通说，"要是我被绑了，撑死能做到上半截屹立不倒，下半截非得丹田一热，吓尿了不可"。

小灵通一边点头称是，一边回想去年爸爸的承诺（具体内容可以回看第四章"不速之客"），自己的新手机差点儿飞了。原来，去年期末考试成绩排名第一居然是新转来的竹子，可以说是半路杀出个程咬金。之前第一总是格格的，不过她去年因为阑尾炎手术，在医院住了一段时间，没参加考试。否则，如果格格正常参加考试，她与竹子俩人一个第一、一个第二，广播成绩下降一位，第三名，自己可就成了第四名了，爸爸答应的新手机就该泡汤了，好险好险。

终于，万众期盼的暑假到了，同学们算是得到了解放。除了休息、做暑假作业外，同学们在暑假各有自己的安排，小灵通他们三个要暂时分开一段时间了。

门墩儿要抓紧时间苦练球技，发誓在毕业前一定给学校拿个冠军回来。竹子则要继续学习小提琴，还说下学期每周都要继续拉小提琴给小灵通听，小灵通一嘴苦水地听完了竹子的"宏伟"志向。

那么小灵通呢？照例，每年暑假他都会去市郊农村的外公外婆家住一段时间，避避暑，妈妈同时也会休上几天年假，陪陪自己父母。

周末，爸爸开着车，载着妈妈、小灵通还有小二，一起奔向了市郊，一路上一家人兴高采烈。马小二一路上兴奋极了，一副随时打算跳窗户出去的架势，妈妈不得不时时拉紧狗绳。毕竟，城市里又小又窄的住宅楼，对活泼好动的哈士奇来说实在是太憋屈了。

车开下高速公路，转个弯下了山坡就是外公外婆居住的村子了，结果刚一转弯，一家人就吓了一跳。只见几个跟小灵通岁数差不多大小的孩子，可能是百无聊赖，居然站在山坡上向高速公路飞驰而过的汽车掷石子。看到爸爸停下车向他们走来，几个孩子一哄而散。妈妈说这么做太危险了，这是谁家孩子？爸爸表情严肃，眉头拧成了一个结。

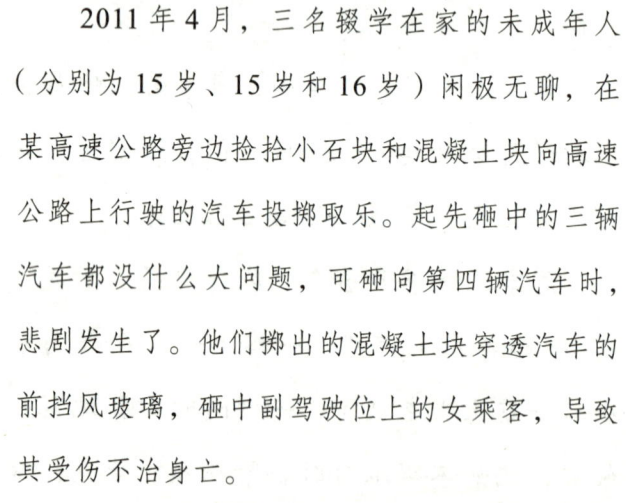

检察官提示

2011年4月，三名辍学在家的未成年人（分别为15岁、15岁和16岁）闲极无聊，在某高速公路旁边捡拾小石块和混凝土块向高速公路上行驶的汽车投掷取乐。起先砸中的三辆汽车都没什么大问题，可砸向第四辆汽车时，悲剧发生了。他们掷出的混凝土块穿透汽车的前挡风玻璃，砸中副驾驶位上的女乘客，导致其受伤不治身亡。

"子不教、父之过"，这个真实的、血淋淋的案例告诉我们，孩子的家长要尽监护人的责任，避免孩子作出危险的行为。同时，对于终止学业的孩子，家长和社会应当及时指导他们就业，以免他们因为无所事事而惹是生非、寻衅滋事，甚至走上违法犯罪的道路。

本章中，几个不知名孩子的行为，与上面那个真实案例一样，严重影响了高速公路上来往车辆的行车安全，属于危害公共安全的行为，如果造成严重后果，就要承担相应的法律责任。

第二十章
"吃人恶魔"

外公外婆见到自己的女儿、女婿，还有许久未见、长高了不少的外孙，高兴得合不拢嘴。家里早就准备好了一大桌饭菜，除了外公外婆、小灵通一家，还有大舅、二舅（妈妈的哥哥和弟弟）两家人，一大家人觥筹交错，其乐融融。

第二天一早爸爸嘱咐了一些事情就回城忙工作了，妈妈在家甲手脚麻利地抢着帮外公外婆做些农活。小灵通就约了小舟一起出去玩。

小舟是二舅家的孩子，只比小灵通小一岁，不过才上二年级，因为农村孩子普遍七岁上学，小灵通他们则是六岁就上学了。小舟性格腼腆内向，像极了二舅。其实，两个舅舅都是属于颇为内向的性格，小灵通心想肯定是妈妈一个人把家里的外向型性格都包揽了。

小灵通和小舟见面不多，不过平时经常会联系，因为现在人们之间的联系比过去可容易多了。外公外婆和两个舅舅家虽然在农村，但是就在本市市郊，不过一个多小时车程而已，除了不像城里到处都是楼房，其他现代化程度跟城里一样。因此，小灵通和小舟平时经常通个电话、发个微信，偶然还发个视频过去，一直没断过联系。

两个人牵了小二，又叫上几位小伙伴，一起去村外玩。大家一路上呼吸着野外的新鲜空气，采采野花，捉捉蚱蜢，在冰凉的小溪水里抓抓鱼，玩得非常高兴。小二也撒了欢儿，在一望无垠的野地上自由自在地跑来跑去，在城里它可没法玩得这样痛快。

玩了半天，小灵通说这些地方去年都玩得差不多了，附近有没有什么新鲜好玩的地方？小舟说当然有了，北边去年新修了一座小水库，是城里备用的水源地之一呢。水库不大，远看像块碧玉一样镶嵌在绿色的原野上，周围绿树成荫，景色非常好，有不少同村的叔叔伯伯经常去那里钓鱼。小灵通说："好啊，咱们赶紧去那里看看，不过钓鱼就算了，我可没那么大耐心，有那工夫，还不如去市场买鱼呢。"逗得小伙伴们一片哄笑。

小灵通打声呼哨叫回小二，跟小伙伴们一起溜达到水库边，一看景色果然非常漂亮，水面凉风习习，来这里避暑果然是个好选择。找个树荫，泡上一壶茶，垂钓一下午，果然是件美事，要是爸爸能经常来这休息就好了，可惜爸爸工作太忙。正想看，只见为一边也来了几个小朋友。小灵通看着他们，觉得看起来有点儿面熟。

那几位小朋友向小舟打过招呼，在那边玩起水来。小舟跟小灵通说这几位也是本村人，平时常见面，他们的爸爸妈妈都常年在外面打工，家里只有爷爷奶奶或者外公外婆，每年只有过年才能见上爸爸妈妈一面，挺可怜的。因为爷爷奶奶们这些长辈年纪都大了,管束起这些正是调皮捣蛋年纪的孩子们难免力不从心,所以这些孩子们平时缺少家长管束,上学也不怎么好好学习,慢慢地他们几个就凑一起了。还好他们只是有点特立独行,倒不像有些坏孩子那样闹得学校鸡飞狗跳。

小灵通心想这些就是典型的留守儿童啊,正想着,突然小舟和身边的小伙伴们向那边大声嚷了起来。小灵通抬头一看,原来那边几个孩子在水边玩得高兴,干脆都脱了衣服,一个个扑通扑通跳下水去游泳。小舟向他们喊,让他们赶紧上岸,说老师一再叮嘱他们,暑假不能去水库游泳。那几个孩子哪里肯听他的,自顾自游得痛快。

小灵通是只旱鸭子,不过水库游泳的危害他可是再清楚不过了,水库可不像它的外表那样温顺,而是一只张着血盆大口,吞噬过无数无辜生命的"恶魔"。因为水库可不是游泳池,游泳池是人工恒温的,而水库是静水,深度非常深,表面温度被太阳晒得很温暖,而下层水温要低得多,稍有不慎,就非常容易在游泳时发生肌肉痉挛,俗称"抽筋",这时很容易发生溺水事故。有些水库则是水底地形复杂,水草丛生,一旦游泳者被水草缠到,将会难以逃生。最关键的是,水库没有专业的救生员,万一发生溺水事故,如果施救不当的话,很容易发生救助者也一起溺水的连环溺水事件,万分危险。

检察官提示

近年来,我国中小学生暑假安全事故屡屡发生,而且越来越有低龄化的趋势,媒体上报道的一起起意外伤亡事故让人触目惊心。究其原因,好奇和好玩是孩子的天性,中小学生活泼好动,自控力相对较差,缺乏对危险的预见性,很有可能深陷危险尚不自知;而且安全意识比较淡薄,更没有良好的自救、互救能力,往往导致悲剧的发生。

要保障暑假安全,度过一个愉快的假期,小读者们应当注意下列安全事项:

第一,防溺水事故。溺水是我国近年来暑期安全的最大敌人，同学们要注意提高自我安全意识，不在无家长或老师的带领下私自下水游泳，不到无安全设施、无救护人员、无安全保障、不熟悉的水域游泳。

第二，注意交通安全。严守交通法规，过马路走斑马线。不攀爬车辆，不乘坐无牌照的营运车，不在公路上嬉戏打闹。

第三，其他安全注意事项。包括不要到施工场地、桥梁、公路上游玩、捉迷藏、玩游戏；不要进入废弃的空闲房屋内玩耍、逗留；在任何时候都禁止携带火种、玩火；不携带、玩弄易燃、易爆、易腐蚀的各种物品。

最后，同学们要熟悉各项报警电话（火警119，报警110，急救120，交通事故122）。希望同学们能够把"珍爱生命，安全第一"牢记在心，做到"平平安安过暑假，快快乐乐返校去"。

想到这里,小灵通急得直跳脚,只见几个小朋友游得高兴,根本不理会他们。其中一个小朋友看起来水性很好的样子,越游越远,突然,他身体失去了平衡,不断向下沉……

第二十一章
知识的"水库"

那位小朋友溺水了！小灵通他们吓得脸色煞白，快速向那边跑去。和溺水的小朋友一起来的几位小伙伴想游过去救他，被小灵通厉声阻止，"别过去！我来想办法！"其实，小灵通哪有什么好办法，他本身是只旱鸭子，再说水库这种情况就算是世界游泳冠军来也不一定能搞定，现在去叫村里的大人肯定是来不及了。要是有只船就好了，小朋友溺水的地方并不远，离岸也就六七米，可是仓促间到哪里去找船？

　　只见溺水的小朋友呼救声渐渐微弱，身体开始不受控制地往下沉，和他一起来的一个小朋友红了眼，甩开同伴的手就打算游过去救人。这时，小灵通突然想起来一个办法，只是不知道管用不管用，没办法，这时只能死马当活马医了。

小灵通一拍身边小二的脑袋，往溺水的小朋友那里一指。只见一道灰影闪过，小二箭一般地在水中游到了小朋友身边，张嘴叼住他的衣服就往回拖，没几下就把小朋友拖回了浅水区。几个小伙伴一起搭手，把溺水的小朋友拖到了岸上，一看他右边大腿抽筋抽得太厉害了，赶紧给他抻腿、控水、掐人中。

小灵通一把抱住了湿漉漉的小二，把兜里自己当作零食的一根小香肠塞到小二嘴里，差点儿哭出声来。小二嚼着美味的香肠，挣脱小主人，抖抖皮毛上的水，不一会儿就干了。

原来刚才一瞬间，小灵通想起了以前曾经和爸爸训练过小二捡东西，一拍它脑袋，用手一指扔出去的东西，小二就屁颠屁颠地跑过去把东西叼回来。不管这东西在哪里，好几次小灵通扔偏了，扔到水里小二也游过去叼回来了。只是小二每次叼回来东西，都缠着小灵通要吃的，训练了几次效果倒是不错，就是火腿肠花费太大，看着妈妈铁青的脸，小灵通和爸爸只好停止了这个训练。

只不过虽然哈士奇会游泳，而且水性很好，国外有很多记载哈士奇拯救溺水者的报道，而且这种狗天性喜欢接近人，但是小灵通毕竟不了解这水库的情况，万一小二游过去也溺了水，那可就不但没救了人，小二也白搭上了。不过小灵通还是毅然决定试一试，总不能见死不救。换言之，刚才小灵通已经做好小二可能会牺牲的准备了。还好小二不辱使命，没给哈士奇家族丢人。

这时溺水的小朋友一声呻吟，清醒了过来，身边的小伙伴们七嘴八舌地安慰他。他惊魂未定，向小灵通看过来，半晌说不出话来，只是紧紧握着小灵通的手，嘴边还流着清水。小灵通被他握得生疼，仔细一看，嘿，真够巧的，眼前这几位下水游泳的，不就是昨天冲高速公路上的汽车扔石子的那几个孩子吗？

中午回到村里，小灵通的"光荣事迹"一瞬间就传遍了全村。本来妈妈在村里就挺有名气，她是那个年代村里为数不多跳出农门的大学生，加上爸爸的缘故，村里都知道外公外婆有个出息的姑娘，还嫁了个在城里当官的女婿（其实爸爸是干啥工作的，他们基本没概念）。因此，小灵通出名出得倍儿快，大伙都说"虎父无犬子"。小二也跟着狐假虎威，趾高气扬起来，没事趴在院里拿爪子划拉沙土玩，小灵通心说这该不是练习签名呢吧？

好好睡了一个午觉之后，小灵通思考了半天，跟妈妈说了自己的想法：这个村留守儿童不少，父母都在外地打工，难得回家一次。平时上学还有老师管着，可是一到假期就成了放羊状态，非常容易造成各种安全事故，像今天要不是自己急中生智，后果恐怕不堪设想。再说这些孩子没人管，不光是溺水的危险，还指不定干出啥危险的事情呢。像昨天那帮孩子往高速公路扔石子，就是重大的安全隐患。

因此，小灵通有个设想，为了保证村里的学生，特别是留守儿童的假期安全，一方面，学校要重视、加强暑假安全的教育，怎么重视都不为过。村委会也应当配合，像那个水库，应当处处设立"禁止游泳"的警示标志，最好白天能安排人手巡逻，费用可以由村里集体出，反正是为了村里孩子们的安全。另一方面，为了不让村里的学生假期生活过于单调，他希望爸爸、妈妈单位能够组织一次特殊的捐赠：为这里的孩子们捐赠一间小小的图书馆，让他们能够在知识的"水库"中畅游。

妈妈听完小灵通的设想，很是欣慰，因为儿子已经长大了，有了自己的主见。她高兴地抱住小灵通亲了好几口，说这事包在妈妈身上，正好妈妈单位出版过一批少儿图书，可以捐给农村孩子们。至于爸爸那边更好说，市检察院那么多人呢，一人捐两本就不少了，还可以增加检察系统在公益事业方面的影响力，一举两得啊。

检察官提示

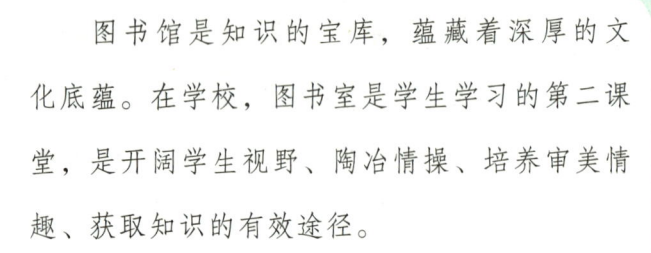

图书馆是知识的宝库，蕴藏着深厚的文化底蕴。在学校，图书室是学生学习的第二课堂，是开阔学生视野、陶冶情操、培养审美情趣、获取知识的有效途径。

在这里，我们向各级政府有关部门呼吁，要加大农村学校的投入力度，升级优化农村学校图书室，丰富校园藏书，提高图书质量。增加图书室对学生的开放时间，并开展多种形式的读书活动。从假期安全的角度而言，图书室可以举办丰富多彩的暑期活动，不仅丰富孩子们的假期生活，也为假期安全进一步提供保障。

最后，妈妈总结道："心动不如行动，走，妈妈领你去村那头的村委会主任家一趟，谈谈这方面的构想。哎，勇凌你别着急动身，先去洗把脸……"

小灵通心说我脸上脏了？回头一看镜子乐了，脸呢倒是一点不脏，就是沾满了妈妈的口红印。

第二十二章
正义感爆棚的妈妈

妈妈和村委会主任的会谈非常愉快。这位村委会主任从辈分上说，是妈妈的族叔，特别尊重读书人，而且他是看着妈妈长大的，非常了解妈妈风风火火的个性。

听完妈妈的建议，主任连声说好，对妈妈说："这件事就麻烦大侄女你操心了。明天咱俩再去趟袁校长家，咱村现在小学、初中联合办学，不像你那时候初中就得离家老远去城里上。袁校长她是我一个远房表妹，论辈分你该喊她四姨。这些年咱村学校成绩不错，没一个娃儿辍学，在市里举办的比赛还拿过不少名次，每年考上市里高中的有好多，都是因为有了袁校长。她一门心思抓咱村教育事业,三十好几才成家,四十多岁的人了,孩子才四岁。村里人提起她,都得竖大拇指。你今天说的这些功德无量,我估摸着都能成,对咱村里的娃儿们是好事,袁校长她肯定挺高兴的。"

妈妈很是高兴,谦虚了几句,约好明天的见面时间,一看到了人家吃饭的时间,就领着小灵通告辞了。从村委会主任家里出来,天色已经擦黑了。

这时小灵通肚子不争气地咕噜咕噜叫了起来,嘟着嘴说妈妈和村委会主任挺能聊的。妈妈轻轻拍了他脑袋一下,说:"这不是咱俩来做好人好事吗?知道你肚子饿了,就当是为村里的孩子们牺牲一下吧。再说咱俩马上就到家了,你外公外婆已经炖好了香喷喷的小鸡蘑菇等着你回家开饭呢。"

想到香喷喷、热腾腾的晚餐,小灵通口水情不自禁地流下来,拿袖子擦了擦嘴角,一连气地催妈妈快点走。

结果欲速则不达,山村的路比不得城里横平竖直跟棋盘似的,本身就曲曲弯弯,妈妈又离开这里

第二十二章 正义感爆棚的妈妈

十几年了,每年回家住几天而已,生了小灵通后回家的日子更是越来越少。村里这些年又添了不少新房,好多旧路都没了,天色渐渐变暗,加上妈妈的路痴属性大爆发,结果没走多一会儿,小灵通发现了一个悲催的事实——俩人居然在村里迷路了。

妈妈倒是很淡定,村里迷路不要紧,这个村子没多大,就算闭着眼睛瞎逛,走到天亮也差不多能蒙回到家门口。问题是,她也饿了,周围越来越看不清,深一脚浅一脚,不一会儿她就两腿酸软,没力气了。正郁闷呢,突然眼前出现了一大片平地,仔细一看,原来是村里的晒谷场。妈妈松了一口气,她还记得家是在晒谷场的西北方向,步行也就十多分钟的路程。不过妈妈现在确实累了,于是她拉着小灵通坐到晒谷场旁边的大槐树下,先休息一会儿。

这时,俩人听到晒谷场另一边传来窸窸窣窣的声音,两个身影,一高一矮也走到了晒谷场上。妈妈很是奇怪,现在不是秋收的季节,而且这个时候村里家家户户正吃晚饭呢，怎么还会有人在这个时候来晒谷场？难道还有跟自己一样的路痴迷路了？

妈妈从槐树后面探出半个头，向晒谷场另一边望去，朦朦胧胧地看到对面是一个老头和一个大约三四岁的小女孩。妈妈认得这个老头，从小外公外婆就告诉她注意别接近这个人，因为他年轻时起在村里就是有名的行为不端，干了不少缺德事，后来还蹲了几年大牢，出来后一个人在村里孤零零地生活。

既然这个老头一直是一个人过，那么这个小女孩显然不是他亲人了。妈妈正疑惑，却看到他在喂那个小女孩糖果，看来是用糖果哄这个小女孩来这里的。这时，让人意想不到的事情发生了，老头居然趁小女孩吃糖的时候，看左右无人，将小女孩一把抱起，躲到了晒谷场的碾盘后面。

妈妈立刻明白发生了什么事情，低声告诉小灵通不许过来，站起身来脱下鞋握在手里，赤着脚向磨盘那边走去。不一会儿，妈妈的骂声、老头的惨叫声交织着传过来，小灵通害怕妈妈出什么事情，不顾妈妈的劝告，赶紧飞奔过去，却看到妈妈抄起手里的鞋在不停地砸老头，老头一手捂着头，另一只肮脏的黑手竟然伸在小女孩的裤子里面。

虽然晒谷场比较僻静，但是这里乱哄哄的动静还是几乎把半个村子的村民都吸引了过来，村民一看这场面就猜了个八九不离十。二舅从人群中冲出，一把抓住妈妈，低声劝着什么。妈妈气得气喘吁吁，话都说不利索了，只是一个劲儿地大骂这个老头禽兽不如。小女孩坐在地上，放声大哭。这时旁边有村民说，这不是老刘家姑娘么，他真是丧尽天良，这么小的孩子也下得去手？

正乱着呢，村委会主任也来到了现场，看到这情形吃了一惊，赶紧报警，让自己媳妇抱了小女孩去找她家人，同时感谢妈妈见义勇为。妈妈气得脸色煞白，半晌说不出话来。

检察官提示

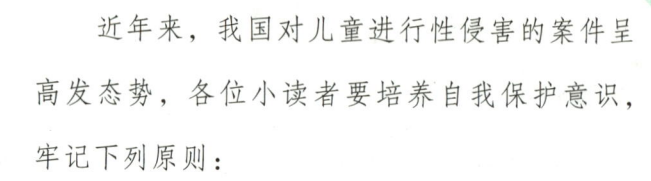

近年来，我国对儿童进行性侵害的案件呈高发态势，各位小读者要培养自我保护意识，牢记下列原则：

第一，禁止别人触摸隐私部位。每个人的身体都有一些隐私部位，包括腹部、臀部、大腿内侧等。如果有人违背你的意愿，不合理地要看或触摸你的隐私部位，一定要立刻离开或者大声叫喊。

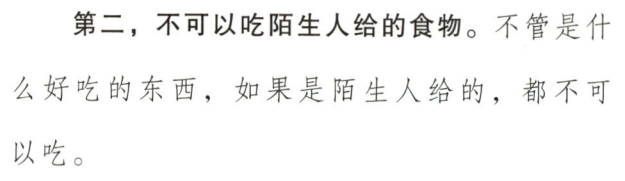

第二，不可以吃陌生人给的食物。不管是什么好吃的东西，如果是陌生人给的，都不可以吃。

第三，不要独自待在僻静的地方。不管是在学校，还是在回家的路上或者任何时候，都不要一个人待在僻静的地方，这样容易遇到坏人。

第四，学会利用电话求助。

所有的父母也同样需要学习相关的知识，并且教给自己的孩子。

> **法条链接**
>
> 《中华人民共和国未成年人保护法》
>
> 第五十四条（第一款） 禁止拐卖、绑架、虐待、非法收养未成年人，禁止对未成年人实施性侵害、性骚扰。
>
> 《中华人民共和国刑法》
>
> 第二百三十七条 以暴力、胁迫或者其他方法强制猥亵他人或者侮辱妇女的，处五年以下有期徒刑或者拘役。
>
> 聚众或者在公共场所当众犯前款罪的，或者有其他恶劣情节的，处五年以上有期徒刑。
>
> 猥亵儿童的，依照前两款的规定从重处罚。

转天早上起来，妈妈把昨晚用来揍人的两只鞋都扔了，说沾过那老头了，嫌脏。旁边二舅说：

"姐你都三十好几的人了，气性还这么大，眼睛揉不得一粒沙子。昨晚那情况，你骂他几句，然后报警不就结了？万一把他打坏了，你还得吃官司。他昨晚进公安局就都招了，这几年祸害了村里好几个小女孩，估计得判好几年。"

妈妈一听，这才放下心来。小灵通心里感慨道，平日温和有礼的妈妈，正义感一爆棚，也是战斗力爆表啊。

快乐的时光总是很短暂，很快，小灵通和妈妈结束了在外公外婆家的假期，回到了市里。妈妈忙着为村里的学校图书馆募捐书籍，小灵通也有不少事情在剩余的暑假内需要做。再开学，他们就是小学六年级的学生了。小灵通、门墩儿、竹子他们还在发生什么故事呢？我们会在本系列丛书《失败的营救计划》中接着介绍。